歴史文化ライブラリー
244

一休とは何か

今泉淑夫

JN225199

目　　次

一休を問う――プロローグ

一休のとんち話

ある日のこと、なかまの小坊主たちが青くなってさわいでいた。

「どうしたのか」とたずねると、一人が泣き声になって、うちの和尚さまが将軍から預かっていた大事な茶碗を、あやまって床に落として割ってしまった、お手討ちになるかもしれないのだという。

「なに心配ないよ、わたしにまかせなさい」。一休はそういって、割れた茶碗を袖の下にかくして、和尚の前にゆき、いきなり問答をしかけた。

「生あるものは、かならず死す」。

すると、和尚はすかさず、

「形あるものは、かならずくだける」。

と、応じた。

それを聞いた一休は、だまって割れた茶碗を出してみせた。それが将軍から預かった茶碗であると気づいて、和尚は顔色をかえた。

一休は、だまって傍らの硯《すずり》をひきよせて、
高砂《たかさご》の尾上《おのえ》のまつもかるるなり　土でつくねた茶碗大事か
と、紙にすらすらと書いてみせた。

いつまでも栄えるという高砂の松も枯れることがある。まして、土でこねた茶碗ならば、壊れることがあるのはあたりまえ、人間が大事か、茶碗が大事か、と急所をついたのだ。

和尚はだまってしまい、一休も自分の部屋にもどり、この一件はおしまいになった。

一休といえば、とんちの一休である。

和尚が灯明《とうみよう》を消すようにというと、すたすた近づいて口でぷっと吹き消した。そこで和尚が人間の口はいろいろなものを食べてけがれている、そのけがれた息でほとけのために掲げた灯明を吹き消すのはよくないことだ、これからは扇子か団扇《うちわ》で消しなさい、というと、では、お経をよむときは何でよんだらよいのか、といい返して、和尚をおどろかせたこともある。

将軍足利義満《あしかがよしみつ》とのことだともいわれるが、武家屋敷に連れてゆかれ、広間に立ててある衝立《ついたて》を見せられて、ここに描いてある虎を捕まえてみよといわれ、それでは縄をかしてくださいといって、からめとる支度をして、誰かあの虎を追い出してください、といったという話はよく知られている。この話には、このとんちのほうびとして餅を二つ出されて、ぺろりとたいらげると、どちらがうまいかと聞かれ、一休は、すぐに両手をパンパンと叩いて、どちらの手のほうがよい音がしましたか、といい返したという話がついている。

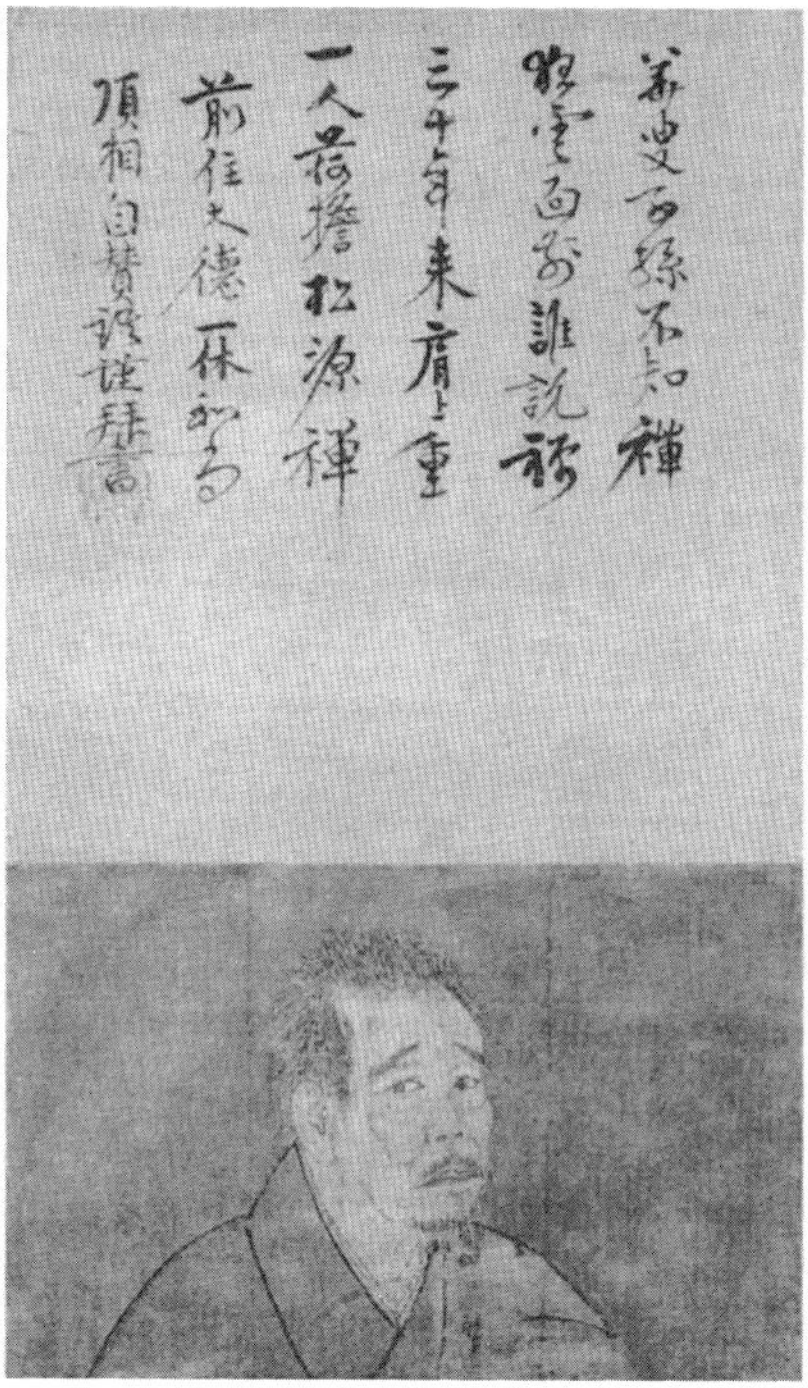

図1　一休宗純（墨斎筆，重要文化財，東京国立博物館所蔵　Image : TNM Image Archives　Source : http://Tnm Archives.jp/）

このような一休のとんちばなしは、江戸時代になって作られ、大衆によろこばれた。師弟や権力のある武家との上下関係をふきとばす頭の回転が、日ごろの鬱憤《うつぷん》をはらす快感をおぼえさせたのである。その種本になったのが、寛文《かんぶん》八年（一六六八）の『一休ばなし』や寛文十二年の『一休関東咄《ばなし》』、同年の『一休諸国物語』などである。これらの作者は不明であり、咄の内容も少しずつ変化して、ことばの洒落が中心になってゆき、主人公が一休である必然性が薄くなっていった。これらの咄は江戸時代を通じて小説・俳諧《はいかい》・演劇などの分野に広がっていったが、落語には取り上げられず、とりあげられても一休からは切り離された。明治・大正になって、講談として流布したという。

江戸時代の一休物語

落語に採用されなかったのは、一休咄がすべて一休に敬語を用いて書かれていたことと関係があり、本質的に一休は、笑われる対象ではなかったのではないかという指摘がある（二村文人「『一休ばなし』と『一休関東咄』」、『国文学解釈と鑑賞』平成八年八月号）。一休は「とんちばなし」にもかかわらず、修道の人としてのイメージが根強く伝承されたことを示唆しているだろう。

一休の生涯

一休は応永《おうえい》元年（一三九四）正月元旦に生まれた。後小松《ごこまつ》天皇の皇子で、母は藤原氏、南朝高官の子孫である。母は側室として天皇の寵愛をうけたが、讒言《ざんげん》する者がいて、宮中を出て庶民の戸籍に入り、出産したとされる。この血筋がのちの一休の意識の底にのこり、その挙動や作った詩に影響をあたえたといわれる。六歳の時に、京都安国寺の長老で夢窓派《むそうは》の人である象外《ぞうがい》和尚の門に入り、周建《しゅうけん》と名づけられた。のちに宗純《そうじゅん》と改める。

十二歳から十七歳のころ、東福寺派の清叟《せいそう》和尚、妙心寺関山《かんざん》派の謙翁《けんおう》和尚に従い、建仁寺の慕哲《ぼてつ》和尚に詩文を学んだが、二十一歳の時に、謙翁和尚が亡くなった。自分の進むべき道がわからなくなり、石山寺に籠った後に、瀬田大橋から入水自殺しようとするが、様子をうかがっていた母の使者に止められた。このころが少年一休の孤独と焦燥の危機の時期であった。この修道一途の様子と後年の破戒・風狂《ふうきょう》の姿とはかけ離れているように見えるが、共通する気質のみえることに注意したい。

応永二十二年（一四一五）、近江堅田《おうみかたた》の祥瑞庵《しょうずいあん》に大徳寺派の華叟宗曇《かそうそうどん》の門をたたいてその弟子となった。兄弟子にのちに大徳寺《だいとくじ》住持になって一門のために活躍する養叟宗頤《ようそうそうい》がいた。華叟の家風は厳しく、貧しかったので、一休は香袋を作り人形の彩色をして京都に持ってゆくなどして、寺の生計の工面をした。琵琶湖の浜の漁師との交流も知られている。

応永二十七年、夏の夜、鴉《からす》の声を聞いて悟るところがあり、華叟にその悟得《ごとく》を認められたが、一休はその印可証明を授けられることを嫌った。

図2　祥瑞庵

正長《しょうちょう》元年（一四二八）、師の華叟が死没した。一休はさきに京都に出ていたが、葬儀がすむとまた京都に戻った。

嘉吉《かきつ》二年（一四四二）、京都郊外の譲羽山《ゆずりはさん》に民家をかりて住み、のちに尸陀寺《しだじ》をつくった。

文安《ぶんあん》四年（一四四七）、大徳寺に不幸な出来事がつづき、何人かの僧が獄につながれた。一休はこれを悲しんで九月にひそかに譲羽山に入って餓死しようとしたが、後花園《ごはなぞの》天皇に勅をもって止められた。月末に京都に戻った。

宝徳《ほうとく》二年（一四五〇）、禅林《ぜんりん》の腐敗を憤り、有力武家に書を送って絶法を宣言した。

寛正《かんしょう》四年（一四六三）、賀茂大灯寺《かもだいとうじ》から瞎驢庵《かつろあん》に戻り、応仁《おうにん》元年（一四六七）八月、東山の虎丘庵《くきゅうあん》に移った。九月朔日にさらに薪《たきぎ》の酬恩庵《しゅうおんあん》に移った。

享徳《きょうとく》四年（一四五五）、『自戒集《じかいしゅう》』を編む。

長禄《ちようろく》二年（一四五八）、兄弟子養叟宗頤が没した。

文明《ぶんめい》三年（一四七一）、紹越侍者《じようえつじしや》が衣を更えて玉垣居士《たまがきこじ》を名のったのを祝って詩を作り、このころ後に述べる「一休宗純と森女図《しんじよず》」が出来た。

文明六年二月、やむなく大徳寺住持となり、即日退いた。入寺法語が『狂雲集《きようううんしゆう》』に収められている。

文明七年、薪に移した虎丘庵に慈楊塔《じようとう》を建立した。

文明八年、住吉に床菜庵《しようさいあん》を建てた。

文明十一年三月、住吉慈恩寺《じおんじ》で言外宗忠《ごんがいそうちゆう》の百年忌を営み、薪の酬恩庵に戻って三年過ごし、この間、大徳寺正門、傍門などを再建した。

文明十三年十一月二十一日、没した。享年八十八。遺体の全身を慈楊塔におさめ、遺命にしたがって葬儀は質素に営まれた。その後、常日ごろ書きのこしていた頌古《じゆこ》・偈賛《げさん》・詩などが門人たちによって編集され、「狂雲集」と題した。この経緯は、『狂雲集』に収められた作品が、一休の家風を伝えるものとして門人たちの了解を経ていたことを示している。後に述べる『狂雲集』の作品群を解釈するための前提となることである。一休の没後、堺の商人尾和宗臨《おわそうりん》が応仁の乱で焼けた大徳寺真珠庵《しんじゆあん》を再興した。一休は法を嗣ぐことを認めなかったので、門下の徒弟が一老を選んで庵主とよんだ。

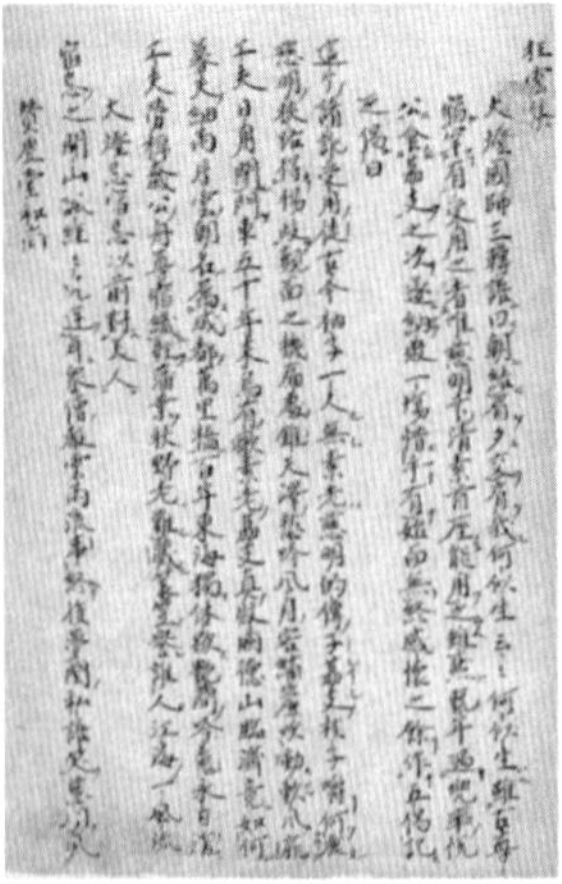

（冒頭）

（表紙）

（奥付）

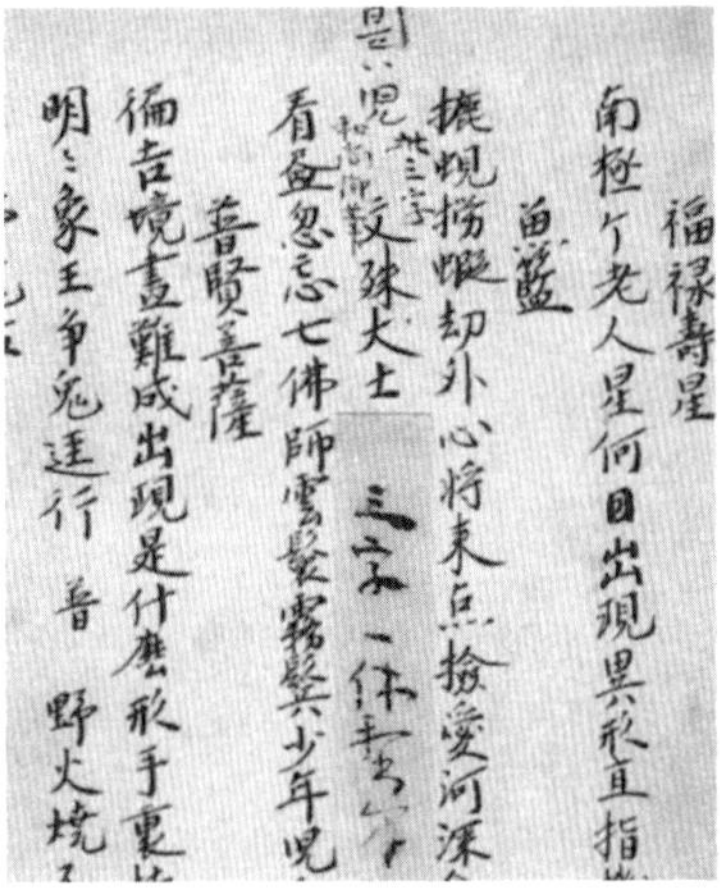

（一休自筆）

図3　『狂雲集』（奥村重兵衛蔵本覆製）

右の記事はその生涯の履歴としてあまりに簡略であるが、一休は応仁の乱前後の混乱の中を、おもに洛中と薪、住吉、奈良、和泉あたりを転々とした。京に近いところに限られていた理由について、いくつかの推測ができる。

移転の足跡

一休はあえて世塵にまみれる逆行《ぎゃくぎょう》の人として酒肆婬坊《しゅしいんぼう》（酒場と遊里）の世界に入ることをしきりに勧めた。市中の喧噪が身に合っていたようでもある。あるいは修道が静寂を必要とするにもかかわらず、市中の明るさに馴れた人にとって、遠くはなれた地方と山中の暗闇は気持ちの落ちつかない空間であったかもしれない。

たとえば、高槻あたりの譲羽山に隠棲した時の「山路　譲羽」と題する詩に、「豺虎《さいこ》の蹤《あと》多し古路の間、吟杖《ぎんじょうつい》終に風月の興なし（山犬や虎のけもの道があるこの山路で、杖つき一首詠じようとしても詩趣がわかない）」とし、同じころの「譲羽山に新たに一寺を剏《はじ》む」云々と題する詩に、「夜深くなり室内に人の伴うなく、一盞《いっさん》の残灯秋点《ざんとうしゅうてん》長し（夜が更けて部屋には私ひとり、更に残る灯明が秋の夜長を照らすばかりだ）」と寂寥をかこっている。

別に「山居」と題する詩にも「婬坊十載興窮《さいきょうきわ》まり難《がた》し（街中の遊里に十年も出入りしてまだ遊び尽くした気がしない）……長松耳に逆らう屋頭《おくとう》の風（それを強いて山奥に住むことにしたが、高い松の間を吹き抜ける屋外の風の音が気にかかって落ち着かないのだ）」、「十字街《じゅうじがい》頭向背《とうこうはい》の衢《ちまた》、空しく聞く夜々天涯の雁、郷信《ごうしん》の封書《ふうしょ》一字なし（にぎやかな俗世間の騒々しさが忘れられず、山中にいて毎夜遠くから飛来する雁の声を空しく聞いている、寂しいことに郷里からの便りもまったくない）」とその寂寞を歎いた。

「山中より市中に帰る」と題する詩は「朝に山中に在り暮れには市中」という暮らしに安堵《あんど》する様子を伝え、「自賛」の詩は「風狂の狂客狂風を起こす、来往す婬坊酒肆の中、具眼《ぐがん》の衲僧《のうそう》誰か一摋《いっさつ》せん（風狂の徒である自分は目障り耳障りの風を吹きまくり、遊里飲み屋をうろうろしている、誰か出来のいい僧がいたら相手になってほしいものだ）」と挑発している。

あまり目立たないことだが、一休は読書の人だった。『狂雲集』に『冷斎夜話《れいさいやわ》』『大恵武《だいえぶ》庫《こ》』『一帆風《いっぱんぷう》』『山庵雑録《さんあんざつろく》』その他の書籍を題にした詩があり、「書籍を焚く僧に示す　三首」と題する詩の中で、この世が焼けつきる時がきても本当の書籍は焼けたり失われたりしない、と秦の始皇帝《しこうてい》の焚書《ふんしょ》にかこつけて、身辺の僧が書物を焼くことがあったらしいのを厳しく言いとがめている。

八十三歳の文明八年（一四七六）に、人あって辞書『韻府群玉《いんぷぐんぎょく》』数冊を献呈されて、非常に喜び、それにまつわる修行時代の話を門人たちに語った様子が『一休和尚年譜』にみえる。一休の書物に対する愛着は記憶されるべきことで、身近におく本が限られ、入手も困難な辺鄙《へんぴ》の暮らしを嫌ったのかもしれない。

一休はしばしば病気を発していたから、本人も周囲の門人たちも健康を気づかって、気候も異なり、医療も不便な地方に下向するのを避けたのであったかもしれない。

一休は大徳寺の人ではあったが、その活動はむしろその枠をこえて、小さな寺庵に起居して集団生活をするスタイルをとっていた。当時の著名な禅僧が遠い地方に下向してしばらく逗留《とうりゅう》したのは、そこに帰依《きえ》されて支援を受ける檀那の拠点があり、あるいは有縁《うえん》の寺院をたよりに、その周辺で人的な交流をする基盤をもっていたからであった。これらの僧はやがて時期を見計《はか》らって本来帰属する京の寺に戻って修道の生活を続けた。一休にはこれにあたる支持者を地方にもたなかった様子がみえる。和泉堺《さかい》の豪商尾和宗臨が門人であったことや自分の没後に支援の様子がはっきりする越前朝倉氏が門人祖心紹越《そしんじょうえつ》の俗縁にあたっていたことは、数少ない例で、その他は京とその周辺に散在するいわば群小の信仰者に支持された暮らしであった。日常生活をともにする門人たちを伴なって遠く長く地方に下向することは困難であったと思われる。

このようにして一休は生涯を終えたが、その一門からはその後、徳禅寺《とくぜんじ》などを除いて、大徳寺本寺の住持となる人は出なかった。一休の遺志が数代にわたって門流に継承され、集団活動を維持した家風は、室町期禅宗史において際立っている。

一休和尚年譜

一休の生涯については、没後に門人が記録した『一休和尚年譜』(以下、本文においては『年譜』と略称する)がのこっていて、写本も活字本もある。筆者はそれについて、校注のかたちで、本文の校訂、読み下し、各年条の記事の注釈と記事に関わる教団内外の事情、その時々の社会的背景、『大徳寺文書』などの関係史料を紹介したことがある（『一休和尚年譜1・2』一九九八年、平凡社、東洋文庫）。

筆者には、書き足りないと思うことがあって、それが宿題となった。一休とは何なのか。気がかりではあったが、執筆に至らなかった。

そのうちに、『年譜』のほぼ冒頭にあたる、応永十二年（一四〇五）の一休十二歳の記事に、『維摩経《ゆいまきよう》』を聴聞したという記事があることに思い当たった。なぜ『維摩経』なのか。『維摩経』を読むことからはじめ、読み進めるうちに、これまで指摘されることがなかったが、一休が『維摩経』に深い影響をうけていることに気づき、『年譜』の著者が『維摩経』の名をあげたのには深い思い入れがあってのことだと考えるようになった。それにしたがって宿題をはたそうと思い立ち、それが本書の内容である。

本文の経文・史料、字句について、必要と思う場合には読みがなを付し、ことばの意味をすぐ後の（ ）で示すこともした。参考史料、経文などの本文は、文字の旧字体・異体字などを便宜的に通用の文字に直したり、小書きを〈 〉で示したり、ふりがなを省略したりした。必要なかぎりにおいてそのことを示したが、慣例的にその作業を省略できると考えた部分については、その限りではない。あらかじめ読者の了解を得たい。

一休、『維摩経』に出会う

少年時代の一休

十二歳で『維摩経』を聴聞す

応永《おうえい》十二年（一四〇五）、十二歳の時、一休は宝幢寺《ほうどうじ》の前で清叟師仁《せいそうしじん》蔵主《ぞうす》が『維摩経《ゆいまきょう》』を講じるのを聴いた。

宝幢寺は、臨済宗《りんざいしゅう》夢窓疎石《むそうそせき》の法を嗣《つ》いだ普明国師《ふみょうこくし》春屋妙葩《しゅんおくみょうは》（一三一一―八八）を開山とする京都嵯峨《さが》の寺で、そのころ室町幕府が禅宗寺院を五山《ござん》・十刹《じっさつ》・諸山《しょざん》に格づけして管理した中の十刹の位にあり、正式には覚雄山大福田宝幢禅寺《かくゆうさんだいふくでんほうどうぜんじ》といった。

康暦《こうりゃく》元年（一三七九）に将軍足利義満《あしかがよしみつ》（一三五八―一四〇八）は春屋を五山禅林を統括する初代の「僧録司《そうろくし》」に任じ、同二年に宝幢寺を開創した。さらに寺のうしろに鹿王院《ろくおういん》を造って、春屋が生前に居住する寿塔《じゅとう》として与えた。幕府は永徳二年（一三八二）に相国寺《しょうこくじ》を創建して、夢窓派を積極的に支持した頃のことである。寺伝によれば、宝幢寺は寺勢が盛んであったが、応仁の乱で荒廃して鹿王院だけが残り、江戸時代、寛文《かんぶん》年中（一六六一―七三）に酒井《さかい》忠知《ただとも》が再興して、寺号を鹿王院と改めたという。

鹿王院はもと天龍寺《てんりゅうじ》派《は》に属し、昭和四十三年（一九六八）に単立《たんりつ》（大寺に所属する末寺ではなく独立している）寺院となり、京都市右京区嵯峨北堀町に現存している。「夢窓国師像」「後醍醐天皇宸翰《ごだいごてんのうしんかん》御《み》消息《しょうそく》」や多くの「鹿王院文書」などを所蔵して、重要文化財に指定されている。

清叟師仁

清叟師仁は東福寺《とうふくじ》の虎関師錬《こかんしれん》の法を嗣いだ人で、虎関は貞和《じょうわ》二年（一三四六）七月に、享年六十九で没したが、応永十二年当時に清叟が何歳であったかはわからない。この年は虎関の死の五十九年後なので、虎関晩年の弟子であったのか、あるいは師の没後に塔を拝して嗣法を告げる拝塔嗣法《はいとうしほう》によるのであったかも知れない。

一休と清叟の関係については、『年譜』応永十七年条にも記事がある。

一休は、壬生《みぶ》に居した清叟の内典《ないてん》・外典《げてん》（内典は仏教の教典、外典はそれ以外の書籍）の講義に出席していたと思われる。清叟は西宮夫人という人に戒律を教えていたが、外出するときは、いつも一休を連れて出かけ、途中の道で蛇に出あうと、袈裟《けさ》をかぶせて経を読むと蛇はおとなしくなった。ある日、一休はひそかに石を懐《ふところ》に入れておき、出てきた蛇をこれで打ち殺したことがある。清叟は、そのことを、禅僧はこのように才気煥発《さいきかんぱつ》でなければならないといって、ほめたという。

清叟については、このほかに『年譜』応永十八年条に、清叟が自分の画像に金襴《きんらん》の袈裟を着せて描かせたことがあり、そのころ禅寺の規式に関心を示して僧の華美をおさえようとした将軍足利義持《よしもち》が、不意に寺を訪れて画像を検分しようとした。清叟はこれに驚いて恐縮したのを、居合わせた一休が清叟のために機転をはたらかして、義持が寵愛していてこの時も連れてきた少年の手を握った。義持は虚をつかれてたちまち退散して、難をのがれた記事がみえる。この一件は、一休が少年時代から頭の回転のはやい機智の人であったことを語っている。

清叟の事跡についてはこれらのことにかぎられ、ほとんど不詳である。しかしこの人の講釈を聴いた『維摩経』は、一休の生涯の心底のもっとも深いところで影響をあたえることになるのである。やがて本書の本題につながってゆく部分である。

べつに妙心寺《みようしんじ》の開山関山慧玄《かんざんえげん》（?―一三六〇）の法脈をうける謙翁宗為《けんおうそうい》がいて、西金寺《さいこんじ》で関山の宗風を主張していたが、この人は門を閉じて誰も寄せつけず、孤高で厳格な家風で知られていた。一休はこの人にも参じ、謙翁と清叟に五年学んだという。一休が清叟に学ぶようになったのは、『維摩経』を聴いたことがきっかけになったものと思われる。

十代の詩才

詩文僧として知られる人が十代の初めごろに、ひとの注目する詩を詠むことはめずらしいことではなかったが、少年一休もまたこのころすでに、詩作に早熟な才能を発揮した。

『年譜』応永十三年条に、十三歳の時に、詩で知られる建仁寺の慕哲竜攀《ぼてつりゅうはん》に作詩の法を学び、毎日一首を作るのを課題としたとある。また祥球《しょうきゅう》書記という人がいて、一休の詩を評して「作者の風あり」といった。このころ見恵《けんえ》侍者という人がいて、自分の派祖である別源円旨《べつげんえんし》に、「秋風白髪三千丈、夜雨青灯五十年」という句があり、これを学べば必ず上達するだろうといった。その後この年に「君恩浅き処、草まさに深し」の句ができて、聞く人びとが嘆服したという。

一休の詩と偈《げ》（一般の詩と形式は同じだが、内容が修道的色彩の強いもの）は、よく知られているように、『狂雲集《きょううんしゅう》』に収められている。諸本として、奥村重兵衛氏蔵本、酬恩庵蔵別本、寛永十九年（一六四二）本その他の写本群があり、『続群書類従』第十二輯下所収の活字本があり、諸氏の校注本も刊行されている。以下の本文では、奥村本を底本とする平野宗浄訳注『一休和尚全集』第一巻、狂雲集（上）、蔭木英雄訳注『同』第二巻、同（下）（一九九七年、春秋社）、平野訳注『同』第三巻のうちの狂雲集補遺（二〇〇三年、同）の本文をテキストとし、その読み下し、解釈、注などを参照したが私意を加えたところも少なくない。あらかじめおことわりしておく。各詩題下の数字は上の三書に整理された作品番号である。

右の詩は『狂雲集』に「長門春草」（補遺九七）と題して、

秋荒長信美人吟
径路無媒上苑陰
栄辱悲歓目前事
君恩浅処草方深

秋《とき》は荒《あ》る、長信《ちょうしん》美人の吟《ぎん》
径路《けいろ》は媒《なかだち》なし、上苑《じょうえん》の陰
栄辱《えいじょく》悲歓《ひかん》、目前の事
君恩《くんおん》浅き処、草まさに深し

とある。世の流れはその人をいとい捨てて、長信宮《ちょうしんきゅう》の美人は吟じながら、宮殿の庭の媒なき径陰《みちかげ》を行く、人生のほまれとはずかしめ、悲しみと歓びはすぐにもやってきて、君恩の薄い庭は草が深く荒れている。

長信宮は、中国漢の武帝《ぶてい》の陳皇后《ちんこうごう》が寵愛《ちょうあい》を失って追いやられた宮殿で、長門宮《ちょうもんきゅう》の内にある。題に「春草」とあるが、「秋」は季節というよりも時間の流れと読みたい。秋になると用済みになってしまう扇子になぞらえて、色香《いろか》のあせて棄てられてしまう女をさす秋《しゅう》扇《せん》、色香のあせた女をさす秋娘《しゅうろう》のニュアンスがみえて、見捨てられたひとの哀しみがこめられているだろう。天子との仲をとりなす人もなく、追いやられたひとの住まいは荒れて、そこに起居するひとの心情があらわれている。

南宋の周弼《しゅうひつ》が唐詩から四九四首を選んで編んだ『三体詩《さんたいし》』に、唐の詩人許渾《きょこん》の作「隠者を送る」があり、そこに「無媒《むばい》の逕路《けいろ》草蕭蕭《しょうしょう》たり（なかだちをするものもなく世間とき り離され、細道には草がものさびしく茂っている）」という句がある。『三体詩』は室町時代の詩文僧が熟読した基本の書物であったから、少年一休もこれに通じて、許渾の詩をふまえたものと思われる。

その他の少年一休の詩

一休は宋の虚堂智愚《きどうちぐ》禅師を崇敬して、のちに「虚堂七世孫《きどうしちせいのそん》」と自称した時期がある。一休にはその虚堂と許渾とつながりを詠んだ詩がある。大覚《だいがく》禅師《ぜんじ》（蘭渓道隆《らんけいどうりゅう》）が虚堂和尚を「許渾の詩はよく学んだが禅は知らない」と嘲ったという言い伝えを序《じょ》にして、逆説的に「天沢《てんたく》詩僧（虚堂）は禅を識らず」云々と詠じてみせた作品（五六二）があり、別に「虚堂の子孫である自分は、許渾の心を知る者として、大徳寺の法灯を輝かす者のいないことを嘆き苦しむ」という「自賛」（一九七）、「分明《ふんみょう》に画き出す許渾の図」云々と詠んだ「自賛」（四四九）がある。これらは一休が許渾の詩を好んだことを告げている。

『年譜』の応永十五年条に「春衣《しゅんい》花に宿るの詩を賦《ふ》し、人口に膾炙《かいしゃ》する」という記事が

ある。この詩は『狂雲集』に「春衣宿花〈周建喝食甲子十五歳〉」（八六八）と題して、

吟行客袖幾詩情
開花百花天地清
枕上香風寐耶寤
一場春夢不分明

吟行《ぎんこう》の客袖《きやくしゆう》、いくばくの詩情ぞ
開花する百花、天地清し
枕上《ちんじよう》の香風《こうふう》、寐《み》か寤《ご》か
一場《いちじよう》の春夢、分明《ふんみよう》ならず

とある。詩を吟じ行く旅人の袖は詩情にあふれ、咲き散ったたくさんの花で天地はすがすがしい、枕にただよう風の香りをかぎながら眠るともなく覚めるともなく、春の夜を夢うつつで過ごす、という。「春衣宿花」は、着飾って花見にでかけ、桜の花の下で一夜をあかすことで、詩によく詠まれる題であった。

「周建」というのは一休の少年時代の名で、六歳で安国寺に弟子入りしたときに夢窓派の象外集鑑《ぞうがい》によって命名された。

禅宗では正式の僧になると道号《どうごう》・法諱《ほうき》（字《あざな》・諱《いみな》ともいう）の四文字の名がつけられるが、少年時代にはまず下の法諱二字が命名される。法諱の上の一字は門派ごとに共通の文字を採用することが多く、これを系字《けいじ》・通字《つうじ》という。「周」という文字は夢窓派の僧が系字と

して用いたので、このころ一休は夢窓派に所属していたのである。

「幾《いくばく》」は、たくさんということ。花を見ていると、詩ごころが滾々《こんこん》とあふれ出てくる。「百花」はたくさんの花でもあり、花見する人びとの華やかさでもある。その景色にこころが洗われる、という。

「寐か寤か」という表現は、古く孔子《こうし》が「礼の義《みち》に施《かな》う」三〇五篇の詩をえらんで歌えるように編んだという『詩経《しきょう》』の、領主の幸せな結婚を祈る歌にみえる。「窈窕《ようちょう》たる淑《よ》き女《むすめ》は寤《さ》めても寐《ね》ても之を求む、之を求めて得ざれば、寤めても寐ても思い服《した》う、悠《おも》う哉、悠う哉、輾転反側《てんてんはんそく》す」とある。吉川幸次郎訳によれば「ものしずかなよい娘は、ねてもさめてもさがしもとめられる。さがしても見つからねば、ねてもさめても思いつづけられる。はるかなはるかなものおもい、ごろごろとねがえりばかりうつ」という。

「一場の春夢不分明」は、『三体詩』にある張侹《ちょうてい》の「人に寄す」と題する詩に「柱に倚《よ》りて尋思《じんし》すればますます惆悵《ちゅうちょう》たり、一場の春夢分明ならず」というフレーズがある。村上哲見訳によれば、「柱にもたれてものおもいにひたれば、心はいよいよやるせない。しばしのまどろみの春の夢のように、ぼんやりとはかないあのときのこと」という。

「開花」について、柳田聖山氏は、花の字がふたつも続くところから「開落」の写し違いであろうとし、また内容からも「開落」がふさわしいとされた。

『碧巌録』をふまえた詠詩

禅宗におけるもっとも基本的なテキストのひとつとして、『碧巌録《へきがんろく》』がある。中国宋の雪竇重顕《せっちょうじゅうけん》（九八〇—一〇五二）が先人の言行から百の例を選んで、仏法の本質を語る具体的な例とし、修行するものがそれをよく学び考えを尽くして悟りにいたる材料としたもので、本則公案《ほんそくこうあん》とよばれ、これに自作の詩（頌古《じゅこ》）をつけたのが原型である。のちに圜悟克勤《えんごこくごん》（一〇六三—一一三五）がこれに垂示《すいじ》（序）・著語《じゃくご》（短評）・評唱《ひょうじょう》（註釈）を加えて今日のかたちになった。ひとつひとつの公案は第何則と整理され、ひとつの則の形式はふつう垂示・本則・著語・評唱・頌古・著語・評唱からなっている。

その『碧巌録』第八十八則「玄沙三種病人」の雪竇がつけた頌《じゅ》に「葉落花開自有時（葉落ち花開く、自ら時有り）」のかたちで「開落」につながることばが出てくる。

玄沙《げんしゃ》和尚が雲水たちに向かって、「諸方の偉い師匠たちは皆口をそろえて「接物利生《せつもつりしょう》」と言われるが、もしたまたま三重苦の病人がやって来たならば、どうやって応対なさるのだろうか」と問いかけた。

「接物利生」は物も生も衆生のことで、人びとを導いて救済することをいう。「三種病人」とは盲《もう》・聾《ろう》・唖《あ》のことで、この三重苦の人には和尚がいくら白槌《びゃくつい》を取り上げ、払子《ほっす》を立ててみせても、見ることができない。熱心に説法しても聞くことができない。会得《えとく》したことを述べさせて批評してやろうとしても、述べることができない。三重苦の人を教化する手立てはむずかしい。仏法は無力であるということになるだろうか。

今、玄沙が問いかけているのは普通の意味での五体満足の雲水たちである。この者たちは師から与えられる教えを期待しているが、肝心なところを了解できないことについては三重苦の人びととかわりがない。三重苦のひとをあげたのは論を進めるための設定である。そして、問答の進展につれて、見えるつもり、聞こえるつもり、口がきけるつもりでいても、結局、そのつもりが通用するのは当座のことで、つもりでしかなかったことを知らないかぎりは、人間の問題は解決できない。このように、雲水たちは突き放される。

おわりに、師は雲水のためにヒントを与える。この世界の真理を悟るためには、ひたすら見よう、聞こうとするのではなく、窓の下に独りしずかに坐すのがよい。そうすれば、「葉落花開」、秋が来れば葉が落ち、春が来れば花が開く。季節にしたがって自然が推移することを知るだろう。それを知ることが、とらわれのない自在な世界に通じる。すべては適当な時期がこなければならないのであって、時節因縁《じせついんねん》なのだ、と先の「自ずから時有り」にたどりつく。

「開落」はこの「葉落花開」であり、こういう公案の世界を暗示することばであった。

第三・第四句にみるように、当時の詠詩は古典の表現、想いをふまえてなされるのが普通であり、十五歳の一休もまた古典にたくして想いをのべる技を手中にしていた。さらに、この一首は、美しいものがやがて散ることになる無常感の背後に、永遠なるものへの視線が注がれていたのであり、十五歳の少年の詩は並みのものではなかったことになる。人口に膾炙した所以であろう。

『年譜』における詩才の強調

『年譜』応永十七年条のはじめには、一休が十七歳の時に作った「中秋無月」という詩について、「佳句神に入る」と記して、その出来のよい作品が評判になったことを強調している。

この詩は、『狂雲集』に「中秋無月　甲子十七」（補遺一二二）と題して、

是無月只有名明
独坐閑吟対鉄檠
天下詩人断腸夕
雨声一夜十年情

これ月無し、ただ名のみ明らかなるあり
独坐閑吟して、鉄檠《てっけい》に対す
天下の詩人、断腸の夕べ
雨声一夜、十年の情

とある。月は出ないのにその名だけは高い。ひとり坐して鉄の灯架に向かえば、中秋の名月を詠もうとした多くの詩人の悲しみの深さが伝わる。外は夜雨降る。まだ年若い私もす

でに長いこと求法の実を見失って悲しんできた、という。

「断腸」の文字は、「喝石岩図《かつせきがん》　三首」と題する一首（六三六）に、「虚堂の禅をつぐ日本の後継者は大灯国師（大徳寺開山宗峰妙超《しゅうほうみょうちょう》）ばかり。多くの師たちに近侍する垂れ髪の若僧には美しいえくぼがあるが、それだけ。求法にかかわる石くれがあり、虚堂も住したことがある中国径山《きんざん》には、深い悲しみにくれる僧のいたことをこの図で知った」とある。

また「松源（崇岳）和尚　二首」の一首（四九二）には、「かたちばかりは堂内を巡り、合掌焼香し、払子を立てたり白槌を打ったり座禅したりするが、それでいったい正伝の仏法はどこにあるというのか、日本の一休は愁いのあまり胸を痛める」とある。ここでは「断愁腸」と表現される。少年僧はすでに現実の修道に異議申し立ての志しを抱えていたのである。

ちなみに、当時の詠詩の韻《いん》をふまえる基本的な約束として、たとえば七言絶句《しちごんぜっく》の場合に、第一句、第二句、第四句の一番下の文字が同韻でなければならなかった。右の「長門春草」の場合は吟・陰・深がそれにあたり、みな侵韻の平声《ひょうしょう》であり、「春衣宿花」の情・清・明は庚韻の平声であり、「中秋無月」の明・檠・情は庚韻の平声で、押韻《おういん》している。漢字の四声《しせい》については後に虎関師錬の音韻字書『聚分韻略《しゅうぶんいんりゃく》』のところでふれる。

これらの『年譜』記事は、少年時代から建仁寺の慕哲竜攀の指導をうけて、詩にすぐれた才能を発揮したことを強調して、のちの一休の詩才はこのころから培《つちか》われたことを告げている。さらには、一休の生涯における一群の詩偈が、余技とよばれるべきではないこと、修道の家風を端的に語る足跡であることを示唆するための布石であった。

詩偈にこめられた一休の思想

ひるがえって、これほどの詩才のひとが生んだ詩偈、『狂雲集』に収められたすべての作品は、なまじいの解釈ではすまされないてごわい世界を囲っていたはずのこととして用心しなければならないだろう。

用語、典拠、詩想の逐語的な確認はとりあえずなされるべき課題である。さらに、日々の修道の中で詩偈を作ること、その作り方、何をどのように、何のために、作ったひとが作られた作品とどのように対決するか。ここから派生するいくつもの問題について、一休がどのように考えていたかについても思いをめぐらさねばならない。

詩を詠じることが禅につながることであるとするいわゆる詩禅一致《しぜんいっち》の論は、中国禅宗と士大夫の間でなされ、移って日本禅宗においてもなされた。一休にはそのことを表面に出して論を張った様子は見当たらない。しかし、にもかかわらず、一休がそのことを考えなかったと思うのは不自然である。これほどの詩才をほこったひとが、この課題を無視したはずはないのである。なぜ詩と禅のかかわりについて論を展開しなかったか。ここに視線をおくることが、一休理解の道をきりひらくはずのことである。

『狂雲集』にみえる一休の詩は、論説的な要素がほとんどない。批判的な表現はあってもそれはその時の批判的な生き方が獲得したことばなのであって、そのように日々の暮らしがすでにある種の鋭角的な禅となっていて、暮らしのなかで意識された自分の発露として出てくることばの形式が詩となった人にとって、あらためて詩と禅の関係を論じる動機はなかった。のこされていたのは素材の選択とことばの洗練の問題である。

逆行の人にはそれにふさわしい素材と表現があって、微妙な対象を独特のことばの洗練のしかたでこなしたものを、そうでない人の作品を読むのと同じ視線で読むのはふさわしくないだろう。一休の場合についてその解釈を試みるのが、本書の意図である。

東福寺の学風

清叟師仁《せいそうしじん》の師である虎関師錬《こかんしれん》（一二七八―一三四六）は、博学勉励で知られた。

虎関師錬

その著書には、漢字音韻の字書『聚分韻略《しゅうぶんいんりゃく》』五巻、各宗にわたる大部の僧伝『元亨釈《げんこうしゃく》書《しょ》』三十巻、『楞伽経《りょうがきょう》』の注釈書『仏語心論《ぶつごしんろん》』十八巻、禅宗が他の諸宗にすぐれる根拠を論じた『宗門十勝論《しゅうもんじっしょうろん》』一巻、高僧の文章を集めた『禅儀外文集《ぜんぎがいぶんしゅう》』二巻、禅宗を論じた『正修論《しょうじゅうろん》』一巻、虎関の詩文と古典批判を集成した『済北集《さいほくしゅう》』二十巻、虎関の上堂・小参・陞座《しんぞ》その他の法語を収めた『十禅支録《じゅうぜんしろく》』などがあり、この時代の代表的な学僧である。

虎関の作品は広く読まれ、近世に至るまで写本・刊本が多く出された。当面の応永《おうえい》ごろにかぎってみても、『済北集』はお茶の水図書館成簣堂文庫に応永十年の写本があり、『聚分韻略』は応永十九年の東福寺版があり、『十禅支録』は応永二十二年の刊本がある。

『元亨釈書』三十冊の写本は東福寺に現蔵され、虎関自筆四冊とその門人の大道一以《だいどういちい》の写した十七冊、性海霊見《しょうかいれいけん》の写した一冊、他は四人から六人の筆とみられる。

この書は元亨《げんこう》二年（一三二二）八月に完成し、すぐに仏書としての高い評価が得られる大蔵経《だいぞうきょう》に入れることの申し出を天皇に願い出たが、生前には認められなかった。勅許されたのは延文《えんぶん》五年（一三六〇）である。その後、東福寺海蔵院《かいぞういん》の無比単況《むひたんきょう》によって、貞治《じょうじ》三年（一三六四）から永和《えいわ》三年（一三七七）までかけて順次刊行された。この版木は、永徳《えいとく》二年（一三八二）、海蔵院の火災で焼失し、明徳《めいとく》二年（一三九一）、虎関の法嗣性海によってあらためて重ねての刊行がなされた。

重刊に際して、夢窓疎石《むそうそせき》門下の義堂周信《ぎどうしゅうしん》が檀徒《だんと》の寄付をよびかける文章を作ったことが、義堂の作品集『空華集《くうげしゅう》』巻十九にみえる。また「およそ公家・武家の仏法に帰依する者、僧俗の仏像・経巻・封爵等、諸宗の始末は皆この書に載せる」とたたえて、足利義満《よしみつ》にすすめ、幕府管領《かんれい》の斯波義将《しばよしまさ》をも説得したことが、その日記『空華日用工夫略集《くうげにちようくふうりゃくしゅう》』（永徳二年二月二十九日条、同五月四日条）にみえる。

「日本五山禅林史を通じて、最も特異な存在として特筆大書すべき人物」と評価される中巌円月《ちゅうがんえんげつ》は、建仁寺の僧で、貞和二年（一三四六）、虎関が没する数ヵ月前に書状を送り、『元亨釈書』について、「実にこれ国朝の至宝なり、豈《あ》にただに吾が釈家《しゃっけ》（仏門）席上の珍たるべきのみならんや」と激賞した。

これらのことは、『元亨釈書』が東福寺派にかぎらず当時の禅林全体において高く評価されただけでなく、関心をもつ在俗の庇護者にもひろく知られたことを語っている。

漢字の音《おん》は七世紀の『切韻《せついん》』以後、反切法《はんせつほう》によって表記された。反切法というのは一字の音を二字の組み合わせで表す方法である。たとえば「無」を『集韻《しゅういん》』に「微夫切」とあるのは、微 wei と夫 fu の二字から上字の子音 w と下字の母音 u によって wu と発音することをいう。ひとつの漢字がいくつかの意味をもつ時は、それによっていくつかの反切が示された。上字の子音を「声母《せいぼ》」、下字の母音《ぼいん》（母音のあとに子音がつく場合もある）を「韻母《いんぼ》」とよぶ。多数の漢字は、この韻母によって十四世紀には百六韻に整理された。

漢字はその発音の強弱・高低・長短によって平声《ひょうしょう》・上声《じょうしょう》・去声《きょしょう》・入声《にっしょう》の四声《しせい》に分かれる。この四声を大別して、平《ひょう》と上・去・入の三声をまとめてよぶ仄《そく》に分けて、平仄《ひょうそく》という。漢詩は五・七字の四・七句による絶句《ぜっく》・律詩《りっし》などの形式をとって作られる。漢詩の作法にはこの平仄の韻律の排列の仕方に一定の規則があり、それに合わせて文字を選ばなければならない。それを確認するために百六韻に分類した字書が重宝されたもので、虎関の作った『聚分韻略』五巻は、虎関二十九歳の時、徳治《とくじ》元年（一三〇六）に完成した。この本は室町時代から江戸時代までくりかえし刊行され、外典のうちで最も数多く重版された書物といわれる。

清叟の宝幢寺門前の講釈

このように虎関の業績は、その生前と没後において長く称賛されたもので、いわば応永十二年の時点では、虎関は禅林とその他の修道・修学をふくめて、記憶に新しい人であり、その門人である清叟が経典について講じることは、虎関のイメージと東福寺学風の評判を背負わざるをえないのであった。門前に集まった人びとは、清叟がどのような講釈をするのか大きな期待を抱いていたはずである。しかも清叟は、東福寺においてではなく、それと競合した様子のみえる夢窓門派の拠点のひとつであった宝幢寺門前において、『維摩経』を講じたのである。

ちなみに、東福寺開山の円爾《えんに》が中国宋《そう》から帰国するときに持ってきた多数の経籍類があり、その目録を門人の大道一以が整理したいわゆる『普門院蔵書目録《ふもんいんぞうしよもくろく》』の中には、『注維摩経』三冊、『維摩疏』十冊の名がみえる。東福寺において『維摩経』が読まれたことを遠く語るものである。

虎関以後の東福寺

かつて夢窓疎石は後醍醐《ごだいご》天皇によって南禅寺《なんぜんじ》に招かれ、暦応二・延元四年（一三三九）に後醍醐天皇が没してから後は冥福を祈ることを名分にして、康永二年（一三四三）に天竜寺《てんりゅうじ》の仏殿・山門・法堂などを完成させ、至徳三年（一三八六）に天竜寺は五山第一位の寺となった。ここから夢窓派の威勢は急速にのびた。

これに対して、虎関は主に近衛家《このえけ》の帰依《きえ》をたよりに、夢窓派と大徳寺派に対して東福寺派の寺勢を保持しようとした。

建武《けんむ》二年（一三三五）四月、後醍醐天皇が僧服を黒衣から黄衣に変えようとして夢窓に相談したときに、夢窓は独断で答えられずに虎関に問い、虎関が反対したので沙汰《さた》止みになった。その五月に、東福寺を五山からはずそうとする動きがあり、虎関は兄弟弟子たちと参内《さんだい》して反対の弁を述べて、中止させたことがある。

虎関の時代は、禅宗寺院が官寺として幕府の五山体制に組み込まれてゆく過程で門派の間に競合があって、しばらく流動的な状況が続いた。

観応《かんおう》二年（一三五一）八月、足利尊氏《たかうじ》は置文《おきぶみ》をのこして、足利氏は末代まで夢窓派に帰依することを契約した。その九月に、夢窓は三会院《さんねいん》に享年七十七で没した。虎関が享年六十九で没したのは、貞和二年（一三四六）七月である。

その没後の観応二年七月に、近衛基嗣《もとつぐ》は寺地を寄進《きしん》して、楞伽寺《りょうがじ》の建立を決意して、その趣意を記した「平安城北に建楞伽禅寺を建つるの私記」一巻の中で、「家門はすなわちかの寺門と盛衰を同じくすべきのみ、予の子孫はよろしく信受奉行すべし、しからざれば我が子孫にあらず」と記して、近衛家と虎関一派との師檀の契約をしている。

足利義満は、応永元年（一三九四）十二月に将軍職を義持《よしもち》に譲ったが依然として実権をにぎり、同四年に北山第《きたやまだい》（金閣）を造営し、同八年、相国寺を京都五山第一として夢窓派の主導の下に五山諸寺院を掌握した。その中で、応永七年四、五月ごろの東福寺は、その僧堂に来る者がわずかに四、五人で、荘園からの年貢納入もなくて寺院は窮乏し、経営が苦しい状態であり、この前後に長老たちが没して世代交代が進んだ。

応永七年六月には、開山円爾の法脈を承《う》けて東福寺の中心的塔頭《たっちゅう》であった普門院と檀那の九条家との間の争論が明るみに出て、義満がその裁定に乗り出して寺領を安堵するなど、東福寺の内外に不安定な情況が続いた。

岐陽方秀

それでも応永十一年八月には遣明船が帰ってきて、『四書集註《ししょしっちゅう》』や『詩経《しきょう》新註《しんちゅう》』などが京都にもたらされ、寺内の学僧岐陽方秀《きようほうしゅう》が中国の新しい学風である朱子学新注を講義するなど、東福寺内の学問は活発であった。ただ、『大学』『中庸《ちゅうよう》』『論語』『孟子』の「四書《ししょ》」の新註は、すでに鎌倉時代以来将来されていて、岐陽以前に深く浸透していたものであり、岐陽が最初の人というのではなかった。

この『四書集註』に日本語としての訓みを付した功績は、のちに同じ聖一派《しょういちは》の桂庵玄《けいあんげん》樹《じゅ》（一四一七―一五〇八）に継承されて『桂庵和尚家法和点《かほうわてん》』として結実した。桂庵は肥後・薩摩など九州において学風を広め、日本に朱子学を導入したいわゆる「薩南学派《さつなんがくは》」の祖とよばれる。

岐陽（一三六一―一四二四）は、少年のころは中巌円月の慈愛をうけ、霊源性浚《れいげんしょうしゅん》の法嗣となり、郷里の四国の人で夢窓派の義堂周信や大周周奝《だいしゅうしゅうちょう》に文筆の影響を受けた。詩にもすぐれたが講学に秀でた人である。応永十五年に普門寺（十刹）の、同十八年に東福寺第八十世の住持になった。

東福寺栗棘庵《りつきょくあん》に不二《ふに》軒を創って隠居し、語録詩文集『不二和尚遺稿《ふにおしょういこう》』、典籍の註釈書『碧巌録不二抄《へきがんろくふにしょう》』『中峰広録不二抄《ちゅうほうこうろくふにしょう》』などの著書がある。虎関師錬以来の東福寺に脈々として伝わる学風を受ける正統派の学僧であった。「不二」を名乗るところからみて、『維摩経』に造詣が深かったことが推測される。

岐陽は儒仏一致論者として知られるが、『老子』『荘子《そうじ》』の新註を摂取するのにも意欲的であって、儒仏道の三教一致論《さんぎょういっちろん》に近かったこと、またその新註摂取の細部について、住吉朋彦「不二和尚岐陽方秀の学績―儒道二教に於ける―」（『書陵部紀要』第四七号、平成七年）に論が展開されている。ただし『華厳経《けごんきょう》』に関心を抱いた岐陽の、『維摩経』に対する造詣がどれほどのものであったかについては触れられていない。

清叟はこうした東福寺の学風のなかで修学した人であった。清叟の講話があった応永十二年（一四〇五）は、夢窓と虎関の没後ほぼ五十年余後にあたる。応永六年十二月、足利義満がいわゆる「応永の乱」で和泉堺で大内氏《おおうち》をやぶり、やがて日本と明国《みん》との交渉に禅僧が活躍することになり、京都における他宗の教線をこえて禅宗が確実に定着し、幕府の中枢にあたる部分でも活躍する基盤のできたころである。

虎関の十二歳

虎関の直弟で、貞和四年（一三四八）十二月に没した龍泉令淬《りようせんりようずい》が執筆した虎関の伝記『海蔵和尚紀年録《かいぞうおしようきねんろく》』がある。それによれば、虎関は十一歳の時、母に『観音経《かんのんぎよう》』の文字が小さくて読めないから大きな字で書いてほしいといわれ、即座にすらすらと書いて一字も間違えなかったといい、十二歳の時、師の東山湛照《とうざんたんしよう》が虎関を試すために『大乗起心論《だいじようきしんろん》』一巻を与えて、翌日暗誦させてみると、朗々と一巻を誦してひとつの誤りもなかったという。

一休『年譜』の筆者が、その十二歳のことを記録するのに虎関の十二歳を念頭においたのであったかどうかは別として、明晰な少年僧が『維摩経』の講話を聴くのに十二歳では幼なすぎるということはなかったのである。『年譜』に「聴者数百人」と記したのは誇張ではなくて、それほどに多くの人びとが集まったのであったろう。一休の生涯においてひとつの事件であった。

そのことが、少年時代の一休の思い出となり、師事した清叟にかかわる事柄として、のちに門人たちの間でくりかえして語り伝えられて、『年譜』に書くべきこととして選ばれたのであった。

『年譜』の書きかた

「年譜」の執筆にあたって書くべき事柄の選択は著者に委ねられていて、あったことをすべて挙げるというのでもなく、省略したり、年月を少しずらしたりすることがあった。この『年譜』にもそういうところがある。

『年譜』のこの年条は、「師（一休）十二歳、清叟仁蔵主、宝幢寺の前にありて維摩経を講ず、聴く者数百人、師もまた往きて預る、人皆師を目《もく》して曰《いわ》く、少年にして老成の去就《きよしゆう》あり、前程未《ぜんていいま》だ量るべからざる也と」と記されている。

このあたりの『年譜』記事は、冒頭の応永元年条に、一休出自の記事があり、あとの数年は空白、応永六年条に、六歳で、京都安国寺の象外《ぞうがい》集鑑の小僧となり周建《しゆうけん》とよばれた記事があり、あとの数年はふたたび空白で、応永十二年条に右の記事がある。

応永十三年条には、十三歳で、遊学の志を発して天竜寺を出て、建仁寺の慕哲竜攀《ぼてつりゆうはん》に就いて詩を学び、周囲の人を嘆服させたという数行の記事があり、十四年の記事はなく、十五年条にその詩が人口に膾炙《かいしや》したという一行の記事があり、それ以後は、おおよそ各年条に内容のある記述がある。清叟については、十七・十八年の記事に清叟とかかわりのある記事があり、それ以後に清叟の名は出ない。

応永十三年条記事によれば、安国寺の後は一時天竜寺にいたらしい。このころ夢窓派に属した十二歳の少年僧は、夢窓派の宝幢寺の門前で『維摩経』を講じる、東福寺派の僧に特別の関心をいだいたことが推測される。

このようにして、『年譜』のはじめの部分は空白が多く、応永十二年条の記事は印象的である。

なぜ『維摩経』か

この年条の後半には、多くの聴衆の中にいた一休の「少年にして老成の去就」が注目されて、人びとはこの少年は行く末どれほどの人物になるのかと量りかねた、とある。「去就」の内容はわからないが、十二歳の少年が清叟の講釈に対して批判したとも考えにくい。はじめて聴いて即座に反応したのか、すでにこの経を知っていて的確な問答を展開したのであったたか。いずれにしても抜群の様子がみえたものらしい。さきの虎関師錬の『海蔵和尚紀年録』の十二歳の記事がそうであったように、著者が師のすぐれた資質を強調するために用いる年譜・行状の常套手法であるともみえる。一休についてすでにみた詩才の場合と同じ筆法であり、それに先立つ事柄として、少年の老成を称えることがこの年条の主な話題であるようにもみえる。

しかしながら、本書ではその直前にさりげなく挿入された『維摩経』の名に注目したい。

その部分の記述はごく自然で、何の作意もないようにみえる。「老成の去就」は経の内容とはかかわりのない立居振る舞いの様子であったという読み方があるかもしれない。だが少年の外見やそぶりから人びとが「前程未だ量るべからず」の思いをなしたとみるのには無理がある。

記事の前半と後半をあわせて読み、少年の「老成の去就」はまさに『維摩経』にかかわるものとして示されたのであって、他の経であったら、その「去就」はなかったかも知れない。あるいは一休はこの時、『維摩経』の真髄にふれ、それを講じた清叟に心服したのである。「去就」はその心の動きが外に表れたものであったとみるのが自然であろう。この講釈を聴いた後、一休は五年の間清叟に師事した。そのように読めば、ここに置かれた「維摩経」の文字には、慎重な意図が隠されていたことになる。

すなわち、その慎重な意図とは、十二歳の一休が聴いた『維摩経』と、後年の一休の軌跡との間に脈絡があることを示唆するための伏線ではなかったか、ということである。この推測が成り立つかどうかを確かめるために、『維摩経』について少しく立ちいってみる必要があるだろう。

『維摩経』とはどのような経典であるのか。

『維摩経』の世界

『維摩経』を読む

経の成立

仏教は仏・法・僧の三宝から成り立っている。仏は教主としての釈迦であり、法は、人びとを現実の不安や苦悩からのがれた理想の境涯に導き、社会を平和で幸福な世界にするために、仏によって説かれた教法であり、世界観や人生観が説かれ、社会と人生が「いかにあるか」「いかにあるべきか」を論じて、そこから信仰と実践が展開される。僧は仏に代わって人びとに仏教の理論や実践を伝え、指導し教化する出家者とその集団である。

仏・仏陀《ぶつだ》は、もとは「覚った人」の意味である。原始仏教時代には、すでに仏陀は釈迦だけではなく、釈迦以前の過去世《かこせ》において仏陀があらわれて法を説き、人びとを導き救済し、釈迦以後にも未来仏《みらいぶつ》として弥勒《みろく》仏が出現するという考えがあった。ここでは釈迦として考えておけば足りる。

仏陀の教えである法は、文字によって表現され、書写印刷された経典類の形式をとり、それらの経典の中にふくまれる思想・学説などの教理を内容としている。経典の中には因縁物語があり、英雄的行為の物語があり、過去の出来事を語ったもの、仏の前世を語ったもの、不思議な出来事を語ったもの、詳細な注釈をともなう説法もある。

このようにいろいろな内容をもつ「経」の解釈研究は僧の仕事だったが、教団の発展とともに変化を生じて、釈尊の没後百余年には、戒律や教理の解釈にさまざまの異説が生まれた。出家教団は伝統を形式的に保持する保守派の上座部《じょうざぶ》と革新派の大衆部《だいしゅぶ》に分かれて分裂を続けて、紀元前百年頃に分裂が終わり、部派《ぶは》はそれぞれ正統を主張して自派の解釈を入れた経典の編纂《へんさん》をした。これらの分裂した諸部派の仏教を部派仏教という。

釈尊の思想は、当時一般的だった「なにがあるか」という実体の有無を問う存在論・実在論では人生の問題は解決できないとして、この問題意識を禁じた。仏教が問題にすべきなのは、身辺に絶えず変化し生滅している現象であり、その現象が「いかにあるか」を問い、それを「いかにすべきか」「いかに対処すべきか」を問うことなのだとしていたので、有（存在）についての議論に終始する部派仏教は釈尊の教えから逸脱して、教団は一般の在俗信者から見放されることになった。

彼らは王侯、資産家などの経済的支援によって富裕になり、社会的地位を高めて権威と伝統の世界に閉じこもり、教理の研究にふけり、民衆の救済をないがしろにした。

これに対して、釈尊に回帰する動きが教団内部に生まれ、在家信者の支持を得て、大乗《だいじょう》仏教として展開され、彼らは従来の部派仏教を小乗《しょうじょう》・声聞《しょうもん》と呼んで排斥した。

大乗仏教もまた初・中・後期に大別され、それぞれの時期に変化を示した。初期の大乗仏教と部派仏教の主なちがいは、部派が自分だけの解脱《げだつ》（目標の達成）のために努力する自利《じり》主義であるのに対して、大乗はすべての民衆を救済して社会を向上させようとする利《り》他《た》主義であったことにある。部派は経典の文言にこだわり、事物に執着する有《う》の態度であり、理論的学問的傾向がつよく、出家仏教であるのに対して、大乗は理論や学問よりも信仰と実践を重視して、在俗居士を中心とする在家仏教であった。

この新しい運動は釈尊を実在の人ではなく理想の存在と考え、その周縁に阿弥陀仏《あみだぶつ》、文《もん》殊《じゅ》・弥勒《みろく》菩薩、観世音《かんぜおん》菩薩、普賢《ふげん》菩薩などを生み出した。また一切の存在に実体はないという思想から「空《くう》」の観念を生み、「空」は実践の中で生かされるべきことを主張した。在家信者は布施《ふせ》を通じて「空」をとらえる道を『般若経《はんにゃきょう》』という経典にまとめた。その主なものは紀元二世紀中頃には出来上がり、南インドから西インドを経て北インドに渡り支持された。この『般若経』の思想をうけて成立したのが『維摩経《ゆいまきょう》』である。釈尊は毘《び》耶離城《やりじょう》という富裕な自由都市にいたとされ、経典の主人公である維摩《ゆいま》は裕福な自由人として設定された。

ここでいう「裕福な自由人」のイメージは、現実にあった都市社会の自由な活動のあり方のイメージを背負ってもいるが、維摩の人格的なイメージでもある。どこへでも出かけて誰とでも親しく接触し、富裕なので貧者を助けて苦しみを分かつ人として設定された。しかしその「自由」は現実の放逸、自堕落とは一線を画していて、酒場や賭博場に出かけはするが欲望に溺れることはなく、その行動を通して、欲望の過ちを示したのである。いわば道を踏みはずすことのない「自由」であった。のちに述べる「方便」の駆使もこの「自由」のうちにふくまれる。

『維摩経』とは

『維摩経』は諸経の中で例外的に、在俗の人である維摩居士《こじ》を主人公として、その居士が諸仏と対話して、その未熟を指摘して話を先にすすませる。この対話形式において『維摩経』は独特の説得力をもつことになり、この構成と展開の工夫は、発明とよぶにふさわしい。維摩は実在の人ではなく、菩薩に限りなく近いが菩薩ではなく、「菩薩のようなひと」として描かれる。維摩居士と菩薩の間に上下関係はない。普通の俗人と同じところに足場をおいて、菩薩たちはすでに開悟《かいご》して一般の人を教化する立場にあったが、居士は次々と登場する菩薩たちとの対話を通じて、教説のあらゆる主題について、世界と人間の全体と細部について、小乗から大乗へ、大乗における浅いところから深いところへと認識をひろげてゆく。

『維摩経』の構成

『維摩経』は、第一の仏国品でこの経の由来を示し、仏が毘耶離城で大比丘《びく》衆・菩薩・天部《てんぶ》・四衆《ししゅう》ら無数の来会者に説法する。仏国品のテーマは、どうしたら理想の国を作ることができるかであり、毘耶離城の長者の息子である宝積《ほうしゃく》が仏に問うことからこの経の物語が展開される。仏は苦悩にみちた衆生《しゅじょう》こそが菩薩の仏土であると定義して、心を浄《きよ》くすればよい、と教える。しかし維摩居士はまだ姿を見せない。維摩は病気で休んでいて、仏国品の舞台には登場できなかったのである。

経は「かくのごとくわれきけり、一じ、ほとけびやりあんらじゅおんにましまして、だいびくしゅう八千人とともなりき、ぼさつは三万二千なり（如是我聞、一時、在毘耶離庵羅樹園、与大比丘衆八千人倶、菩薩三万二千）」に始まり、全体が劇的に構成され、仏国品第一から方便品《ほうべんぼん》第二・弟子品《でしほん》第三・菩薩品《ぼさつほん》第四・問疾品《もんしつほん》第五・不思議品《ふしぎほん》第六・観衆生品《かんしゅじょうほん》第七・仏道品《ぶつどうほん》第八・入不二法門品《にゅうふにほうもんほん》第九・香積品《こうしゃくほん》第十・菩薩行品《ぼさつぎょうほん》第十一・見阿閦仏品《けんあしゅくぶつほん》第十二・法供養品《ほうくようほん》第十三・嘱累品《ぞくるいほん》第十四までの全十四章に部立てされている。品は章にあたる。

『維摩経』の伝来

『維摩経』の原本であるサンスクリット本は、他書に断片的に引用される以外は存在せず、中国で七回漢訳された中の、支謙《しけん》・鳩摩羅《くまら》什《じゅう》・玄奘《げんじょう》の三種の訳と一種のチベット訳が現存している。日本では一般的に羅什訳が読まれて、その文章は、他の経典に比べても、詩的文学的であるといわれる。本書ではいくつかの注釈本を参考にした。

室町時代の一休が聴聞した『維摩経』も羅什訳であったと思われるが、その講釈の仕方など具体的なことはわからない。

チベット訳本の日本語訳としては、長尾雅人訳「維摩経」（長尾雅人編『世界の名著2 大乗仏典』所収、昭和四十二年、中央公論社）がある。それによれば、羅什訳が一般に原文を簡略化し、修飾補筆するのが多いのに対して、チベット訳は一言一句直訳的であって、原文の体裁を保存しているという。チベット訳本長尾訳を、「長尾訳」として参考引用し、ふりがななどは適宜に省略した。

石田瑞麿訳『維摩経　不思議のさとり』（一九六六年、平凡社）は、羅什訳『維摩詰所説経』三巻（『〈大正新修〉大蔵経』第十四巻、経集部一）を底本とし、各巻の終わりに注が付されているが、テキストは示されない。鎌田茂雄『維摩経講話』（昭和五十七年、月刊ペン社）は、後半に羅什訳全文を読み下し文で示し、前半に講話を展開している。

この経が日本に伝来したのは古く、聖徳太子の『維摩経義疏』がある。近現代にいたるまで、注釈、講話がくりかえされて、関係の著述は数多い。たとえば、武者小路実篤『維摩経』は昭和九年（一九三四）に発表され、角川文庫版は、昭和三十一年三月に初版、昭和四十一年八月までに九版におよんでいる。『維摩経』の人気を語っているだろう。

方便品

方便品第二で、維摩がはじめて登場する。あらゆる方面に超人的な能力を備えた人であることを述べて、主人公のキャラクターが設定される。

冒頭に「爾《そ》の時毘耶離大城の中に長者有り、維摩詰と名づく、已《すで》にかつて無量《むりょう》諸仏を供養し、深く善本《ぜんぽん》を植え、無生忍《むしょうにん》を得て、弁才無礙《べんざいむげ》なり、神通《じんつう》に遊戯《ゆげ》して、諸《もろもろ》の総持《そうじ》（記憶力のすぐれていること）に逮《およ》び、無所畏《むしょい》を獲《え》、魔の労怨《ろうおん》を降《くだ》し深法門《じんほうもん》に入り、智度《ちど》を善《よ》くして、方便《ほうべん》に通達す、大願成就《じょうじゅ》して、衆生《しゅじょう》の心の所趣を明了《めいりょう》にし、また能《よ》く諸根の利鈍を分別して、久しく仏道において、心已《すで》に純熟す、大乗を決定《けつじょう》して、諸有の所作よく思量《しりょう》し、仏の威儀に住して、こころの大なること海の如《ごと》し」とある。

大意は、彼は、過去世において仏陀を尊敬して善根を積み、多くの仏陀を礼拝し、ものは不在であるという知を得、英知の弁才を得、大神通をもてあそび、要点を理解し記憶し、恐れのない者となり、魔と敵対者とを断ち、仏法のありかたに深く通じ、巧みな方便をよく理解し、衆生の欲し行なうところをよく知って、衆生の修行する能力が上等か否かを知っており、そのおのおのに適した法を説き、仏陀と同じふるまいをなし、海のような広く深いすぐれた知恵にはいり、あらゆる仏陀に賞讃される者となった、という。

城中に住んで普通の俗人と同じ暮らしをし、財産を数えきれないほど持っていて貧しい人びとを助け、在家ではあったが出家と同じく清らかな心で戒律を守り、三界《さんがい》に執着することがなかった。三界は、衆生が生まれては死に生まれかわって輪廻《りんね》する過去・現在・未来の三つの世界であり、普通は世の中をいう。教説では、人間のあらゆる欲望が存在する欲界《よくかい》、物質的なものはあっても瞋《いか》りのない色界《しきかい》、物質的なものもなく純粋に精神だけがある無色界《むしきかい》の三界をさしていう。

妻の名は無垢《むく》といい、女の子もいて、親族や従者もいたが、無欲の行を修し、俗世間の人びとと淡々とまじわってこれを超越した。また着飾ってはいるが心を柔和にして、飲食も普通の人びとと同じく摂ってはいたが仏法を味わうことを悦びとした、という。

この富裕で自由な精神の持ち主という維摩に対する称賛が、この経のほとんど全編にわたる基調をなしている。

維摩の方便

方便品本文には、維摩の病気について、「その方便を以て身に疾《しつ》あることを現じた（其以方便現身有疾）」という表現をしている。修道の経験の浅い人びとに、その能力に応じた説法をするためにわざと身に「疾」があることを示したという。長尾訳では「彼は方便に巧みであることから、自らは病気であるかのように見せかけるのであった」とある。その疾を見舞いに来る者との問答の発端となり、そこからこの経の中心部分が展開される。

こうして維摩は修道者ではない俗人に対して、その能力に応じた教え方をし、やがて仏の道になじむように導いた。「方便」とはこのような便宜的な手段のことでもある。

『維摩経』の文脈における「方便」は自由に駆使されて、不意ではあっても必然として読むことができる。維摩は架空の人であり、その人が用いるのに「方便」は何の無理もない。あるいは「ひと」ではあっても「菩薩のようなひと」として菩薩のような、ときには菩薩を越える能力、境地にある「在家」であったから、菩薩を叱責し、覚醒をうながして、話は先に進められ、状況が展開していった。仏―菩薩―ひとの上下関係における菩薩とひとの間にある遠い距離を短縮する存在として考えられた「在家」の理想的なあり方であった。ここでは用いられる「方便」の是非が問われることはない。主人公は経の言説世界の住人として主導権をにぎっているからである。その意味でも維摩は自由なのであった。

現実世界に生きねばならない修道者の場合は事情がちがう。彼はなお未熟なのであり、修行の過程は試行錯誤にみちている。「方便」を用いたとしても、俗世間と同じように、言い逃れや欺瞞のための仮装であるかもしれない気配がついてまわる。そこに維摩居士と現実の修道者との基本的な差異がある。これを判断するためには、彼の生涯における言動の全体が、この視点から、評定されなければならない。

たとえば、一休が多くの「方便」を使った様子は『狂雲集』や『年譜』にみることができるが、その用い方は大胆で細心であった。ただその規模が時代の常識をこえるほどに大きく、その「自由」は破戒に及んで道を踏みはずす様子をみせた。また自分の行状を「風狂」と表現して韜晦《とうかい》する雰囲気があったために、「方便」の収斂してゆく要点が見失われることになった。そこをたどるのが本書の意図である。

方便としての「疾」について、一休の最晩年の出来事に思い当たることがある。

一休、方便を使う

普段から病を訴えることのあった一休が、文明《ぶんめい》十三年（一四八一）十月朔日、瘧《おこり》（隔日または毎日のきまった時間に発熱する病）が発病し、三日、薬を飲んで瘧はおさまったが、衰弱して喘ぎ、危険な状態になり、十一月七日、病状が重くなり、水も汁も口に入らなくなり、二十一日、座したままの姿勢で静かに一休は逝去した。このころと思われるがはっきりした月日は見えない弟子たちのある動きについて、門人祖心紹越《そしんじようえつ》筆「一休宗純遷化《せんげ》記録」（『大徳寺文書　真珠庵文書之二』一二三号）の中に、次のような記事がある。

病床にいる一休に、一衆が集まって一門に嗣法《しほう》の弟子が一人もいないことを訴えた。老若、道心有無の者がこぞって訴えるのを聴いた一休は、もっとも信頼する没倫紹等《もつりんじようとう》に嗣法の意思があるかどうかを聞いてみよといった。同じ大徳寺《だいとくじ》門派の中で安易に印可を認める兄弟子養叟宗頤《ようそうそうい》のやり方を徹底的に批判して、嗣法を認めない一休は生涯を通じて絶法《ぜっぽう》を訴えてきたのだったが、終焉《しゅうえん》の様子をみた門人たちは師の没後の不安に駆られて、訴えたものらしい。

一衆はみな歓喜に沸き立ち、早速住吉《すみよし》にいる紹等に使いを出して、やって来た紹等に一休の意向を具《つぶ》さに伝えた。すると紹等は、久しく師に仕える者が揃っていながら、言語道断、情けない、師は八十余歳、明日をも知れない時に、こんなことをいうとは口惜しいことだ、師はわざと老耄《ろうもう》をよそおい、わざと病といわれるが、全部狂言なのだ。それを本心と思うとは、大不忠の者たちよ、とそういって、席を立った。皆も気をそがれて、立ち去り、これによって、嗣法を認めない絶法が一門の根本であることがはっきり認識された、という。

紹越が「記録」にこのことを留めたのは、師の没後に再燃するであろうこの議論に対して、いつまでもこの基本姿勢が崩れることのないように、書証《しょしょう》として残すためであったと思われる。そして一休門派はこの姿勢をその後も貫いたのである。

興味深いのは、紹等が一衆の訴えに対して、言下に「師、ことさらに老耄といい、ことさらに病中というも、悉《ことごとく》皆狂言なり、これを真実と心得ること、大不忠の輩」と、わざと老耄といい、わざと病中というのはみな師の狂言なのに、それを真に受けるとはなんと大不忠の人びとよ、といったことである。病にかぎらず、一休がそれまでもさまざまの巧みな「方便」を尽くして指導したことを知っていたのでなければ、この対応があるはずもない。

師の疾が事実であって、紹等が自分でも認めたように、明日をも知れない状態であったのであっても、ここで嗣法を認めることは、一休の生涯を否定することになり、紹等は一休の老と病の様子を「狂言」と突き放した。一休をよく知る紹等が、師の家風をまもるために、あえて「狂言」とよんだのであった。

ひるがえって、この一件は、結果として、一休が自らの疾を「方便」として、一門の結束、自家の宗風の護持を得たことを語っている。一休は自分からは一衆を直接叱咤することはせず、紹等に委ねるかたちをとって、自らは一言も発せず、目的を果たしたのである。維摩が経典の中の架空の人であるのに対して、一休は現実の修道者としての生涯をかけた信念を貫くのに、「方便」を実践したことになる。

さまざまの方便

一休の「方便」を用いた様子は『年譜』にいくつかみえる。

先にふれた応永《おうえい》十八年（一四一一）条に、清叟師仁《せいそうしじん》がその寿像《じゅぞう》に金襴《きんらん》袈裟《けさ》を描かせたのを足利義持《よしもち》が検分しようとして不意に訪れた時に、同行した義持の寵愛する赤松持貞《あかまつもちさだ》の手をわざと握って、義持を慌てさせたことが記されている。

図4　養叟宗頤（大徳寺所蔵）

応永二十六年条には、兄弟子養叟宗頤が師の華叟宗曇《かそうそうどん》の像を描いて著賛を得たことを印可の証しと他言した時に、華叟が怒ってそれを焼こうとしたのを、一休がこれを宥めて許しを乞い、養叟に軸を返して、肝に命じて忘れること勿《なか》れと恩を売ったことがみえる。

応永二十八年条には、華叟が腰痛で起きられなくなった時に、便器を他の僧が竹べらで拭うのを自分だけは手で浄めて、師の穢れをどうして厭うべきものかといって、衆を辱《はずかし》めたことがある。

応永二十九年条には、言外宗忠《ごんがいそうちゅう》の三十三回忌に、衆がみなきちんとした身なりを整えて参列したのを無視して、あえて粗末な袈裟を着け、草履を履いて、わざとみすぼらしい格好をして、これで皆さんが立派に見えるでしょうと皮肉ったことがある。

永享《えいきょう》七年（一四三五）条には、和泉《いずみ》堺にいたころ、街に遊びに出るごとに木刀を持ってその柄を叩いてみせ、市人が理由を尋ねると、今の贋《にせ》坊主たちはこの木刀のようなもので、部屋に置いておけば真剣のように見えるが、外に持ち出せば只の木片で、人を殺すことも出来ず、ましてや人を活かすことなどできやしないと、笑わせたことがある。

享徳《きょうとく》三年（一四五四）条の記事では、ある日、一休が弟子をひとりつれてわざわざ仲のわるい養叟の許を訪れた。喧嘩を売るようにして口論となり、あなたは自分の顔に泥をぬっていると毒づいた。養叟が自分には正規の印可状があるというと、自分にはあなたよりも立派な印可状がありますと大笑して帰り、以後絶交した、という。

これらの事柄を伝記として書き残すところに、それが師一休の家風であるとみる門弟の共有した了解があったことを示している。

維摩と釈迦十大弟子

弟子品

『維摩経《ゆいまきよう》』の弟子品《でしほん》第三では、仏は維摩が仏の見舞を望んでいることを感じて、舎利弗《しやりほつ》をはじめとする十人の弟子に順に維摩の病気見舞いに行かせようとするが、十人はそれぞれ以前に維摩に痛く論破されたことがあって、見舞いには行けないと辞退する。十人は方便品《ほうべんほん》第二での見舞い客に比べれば、はるかにすぐれた仏法者であって、論点の質も高く、辞退することになる問答の過程で、維摩がいかにすぐれているかが明らかになる。

（1）　智慧第一と言われた舎利弗は、かつて山中で独り静かに智慧の母胎である坐禅に専心していると、維摩が現れて、ただ坐るばかりが坐禅ではない、法をよくするとともに俗に入って凡夫の事を行わなければならない、煩悩《ぼんのう》を断つことができないのは迷、迷から脱するのが悟であるが、迷と悟の二法のどちらにも片寄らず、二法を不二《ふに》につかんで自由になること、煩悩を断つことなく悟に入るのを宴坐《えんざ》（安らかな本当の坐禅）というのだ、とやられたという。舎利弗は声聞《しょうもん》（小乗《しょうじょう》）の徒であって、あらゆるものを二元的相対的に考えるのであったから、これをまず一刀両断に否定したことになる。冒頭に修道の根本となる坐禅の本当の姿を告げたもので、この不二の思想がこの後維摩の基本思想として語られるのである。

（2）大目犍連《だいもくけんれん》（目連とよぶ）は、居士に対する形だけの説法についての議論がなされたことを話した。

（3）大迦葉《だいかしょう》は、貧を選んで乞食《こつじき》する誤りを論じて、貧富一如であることの議論がなされたことを話した。

（4）須菩提《しゅぼだい》は、維摩の家に来て乞食したことがあり、この時、維摩は、富裕である私のところを選んで食を乞うのは、貧富の別を立てることであり、君は自分を福田とみなして福田・非福田の区別をたてているが、これは邪見であって、このような邪見のある者に供養《くよう》したのではもろともに地獄餓鬼畜生の三悪道に堕ちるものだと、（3）の大迦葉が貧を選んだのと反対に、富を選んだことを徹底的に批判されたことを話した。

（5）雄弁家の富楼那弥多羅尼子《ふるなみたらにし》は、新米の比丘《びく》のために等しく説法していたが、富楼那に対して、法を聴く者の中には大小乗の機根の別があるのだから、相手の心をよく観察して応分の説き方をしなければならないと批判した。

（6）議論の巧みな摩訶迦旃延《まかかせんねん》は、仏説の要点を敷衍して、無常・苦・空・無我《むが》・寂滅《じゃくめつ》の義に尽きるとしたが、維摩はその一々について、諸法生滅の一面しか理解しない未熟な心をもって法を説いてはならないと批判したという。

（7）阿那律《あなりつ》は盲目であったが、宇宙を掌中にみるがごとくに認識して天眼第一といわれた。維摩は、その見る所とは有為と無為のいずれなのか、有為ならば外道に等しく、無為ならば見ることができないはずと問いつめたという。

破戒と罪

（8）優波離《うばり》は、戒律にかけて無比の権威とされ、戒を犯した二人の比丘が仏の前に出ることもできず、進退をどうしたものかと相談されて、その罪の軽重を裁断して罪障消滅のために懺悔すべきことを教えた。それに対して、維摩は、罪は我々の内にあるのでもなく、外にあるのでもなく、中間にあるのでもない、罪は心から離れたものではないが、心がどこにあるかは誰も知らないのだから、罪の所在もわからない、罪の軽重を量るというのは、罪を無くするのではなく、かえって深くするものだ、といって批判したという。

長尾訳には、「大徳ウパーリよ、あなたはこれらふたりの比丘のあやまちを、これ以上に増したり、汚れたものにしたりしないで、その罪に対する後悔をとり除かねばなりません。大徳ウパーリよ、罪は内にもなく、外にあるのでもなく、その内と外との以外に見られるのでもありません。それはなぜかといえば、世尊のことばに、「心が汚れることによって衆生《しゅじょう》は汚れ、心が浄《きよ》められることによって（衆生は）浄らかとなる」と説かれているからです。大徳よ、心は内にもなく外にもなく、その両者以外にも認められません。心と同じく罪もまた同様です。罪と同じくあらゆる存在も同じことで、如性（真如）の外に出ることができません」とある。

江部《えべ》鴨村《こうそん》『維摩経講話』（昭和十九年、宮越太陽堂書店）は、この時の罪について、「どういふ罪を犯したのか、教団には血気さかんな青年が多かつたのですから、おほかた性に関する戒律を犯したのではないかと想像されます」と述べ、岡本素光『維摩経講話』（昭和十年、京文社書店）は「普通伝へられてをる所では、一人の比丘は山林で女に非法を行つたことに対する羞恥で今一人の比丘は殺生戒を犯したことに対する疑懼《ぎく》である」としている。早苗《さなえ》憲生《けんしょう》氏の示教によれば、江部鴨村（一八八四―一九六九）は、新潟の人で、少年の頃から真宗の学校に学び、真宗大学を卒業、大正から昭和にかけて多くの仏教書を書いた人である。その人が修道の青年が犯す戒として性の問題をあげているのは、長年の経験と観察から得た考えと思われる。

未熟な十大弟子たち

（9）次に釈迦の在俗時代の子で、密行《みつぎょう》第一とよばれた羅睺羅《らごら》が選ばれた。人知れずに静かに修行を積む密行につとめ、禅宗では潜行密用《せんぎょうみつよう》、長養《ちょうよう》とよばれ、悟得《ごとく》の後に五年、十年、二十年とかけてなされる修行をした。かつて毘耶離城《びやりじょう》の青年紳士が来て、あなたはだまっていても王位につける身分なのに、なぜその身分を捨てて出家したのか、出家して何の利があるのかと問うのに対して、羅睺羅は、出家すれば苦を離脱できる、涅槃無為《ねはんむい》に安住できるからだと「如法《にょほう》の為に出家功徳《くどく》の利」を説いたという。これに対して維摩は「出家の利を説くべからず、無為の法中には利なく功徳なし」と述べて、その誤りを指摘した。

（10）次に阿難《あなん》が選ばれた。阿難は釈迦の従弟といわれ、常に釈迦の侍者として給仕した。かつて釈迦が患って、牛乳が要るので、鉢を持って大婆羅門《だいばらもん》の門下に至り立った時に、維摩が、なぜここに立っているのかを尋ねた。阿難がその理由を話すと、あなたは黙ってここを立ち去るべきで、他人にそんなことを聞かれないようにしなさい、仏は生死の問題を解決して、肉身であると同時に法身《ほっしん》であり、生滅しつつしかも不生不滅となったのだから、仏が病んでいるなどといって軽蔑を招くようなことをいうべきではない、と叱責した。阿難はたじろいだが、そのとき、空中より声がして、居士《こじ》の言う通りだが、仏は衆生済度《さいど》のために病気になったのだから恥じることはないという声がした。阿難は仏に近仕していながら、仏が法身であることに気づかなかったのであり、自分は維摩の見舞いには行けないと辞退した。

このようにして、十大弟子はみな見舞いを辞退し、五百大弟子の残りの四百九十人の弟子も同じく辞退した。維摩の確信にみちた様子が見え、相対認識の小乗十大弟子のそれぞれが最も得意とする分野について、その未熟を明らかにして、維摩の不二観の優越を示している。

菩薩品

漢訳では以下を菩薩品《ぼさつほん》第四として別章とするが、長尾訳では連続している。

釈迦は、第三に見た自己のさとりだけに専念して利他の行に欠ける出家修行の徒である声聞の弟子をあきらめて、衆生をさとりに導くことに専念する修行者である大乗《だいじょう》の菩薩（悟りの世界から人間界に下りて交わりながら衆生の救済につとめる者）に見舞わせることにした。ここでは、弥勒《みろく》菩薩（出家）・光厳童子《こんごうどうじ》菩薩（在家）・持世《じせ》菩薩（出家）・善徳《ぜんとく》菩薩（在家）の四人の菩薩を代表として答えさせている。

弥勒菩薩はかつて、兜率天《とそつてん》にいた。ここは将来仏になるべき菩薩が住む最終の場所で、今は弥勒が居り、弥勒信仰では死後ここに生まれることを願望される。そこで説法をしていると、維摩がやって来て、君は世尊に正真無上の智慧を認めたことを示す「記別《きべつ》」（仏の印可証明）を与えられて、一生で仏になるというが、その一生とは過去・現在・未来の何時のことなのか、無生《むしょう》というならばそれは正位であり、正位はすでに空であり、空ならば最早仏になる印可証明の必要もない。

また真如には生滅がないので無生であり、「記」を受けるのが真如を初めて体得する時ならば、無生である以上、受ける機会がない、真如の滅の時ならば、これも無生である以上、受ける機会がない、どちらにも機会がないことになる。およそ一切の衆生はみな真如であり、聖者賢人も弥勒も真如であり、弥勒が「記」を受けるのであれば、衆生も「記」を受けて成仏できるはずであるとした。

「無生」の無は、否定ではなく、無為《むい》のことで、意識以前の絶対の事実としての生をさし、転じて不生不滅であることをいう。万物が生滅して無常であるとする小乗の認識に対して、生滅変化すると見るのは人間の誤った分別によるもので、実は一切は生成変化の次元を超えて空《くう》であるとする大乗の認識を確認したのである。

悟りの予言
―授　記―

そして、仏の印可証明がなければ正しく完全な悟りである正覚《しょうがく》は得られないなどと説いてはならず、仏の智慧である菩提《ぼだい》を分別する見《けん》を捨てなければならないとし、弥勒が「記」に執着する不明を批判して、菩提を二十五句に整理して、あらゆる角度から定義した。

こうして維摩の説は了《お》わる。これを聴いて、そこにいた二百の聴衆は無生法忍《むしょうほうにん》を得たという。無生法忍とは、仏道修行の段階に五十二位があり、四十一位の初地から仏の智慧を得て悟りを得るもので、初地以前は無生の理を聞いてもわからないが、今は納得できる境地で、一切が空であり、生滅変化を超えていることを道理として受け入れることである。

この「記」の部分「弥勒、世尊仁者に記を授く」について、岡本素光氏は「記」を「印可証明」とよび、江部鴨村氏は、「お釈迦さまが弟子の修行の浅深・実力の高下にしたがつて、それに相当する未来の得証を予言される、これを与へる師匠に即して授記といひ、与へられる弟子に即して受記とまうします」として、「未来の得証」と解釈した。長尾訳では、「あなたが無上の正しい悟り（に到達する）には、あと一生を残すだけである（一生補処）と世尊は予言されました」とある。

ここにいう「記」についてのくだりは、一休の場合についても興味深い問題である。

一休の絶法

「記」は悟りの予言であり、その成就《じようじゆ》を証明する形式が印可証明である。一休の場合、印可証明の是非に端を発して、嗣法《しほう》そのものを否認するに至る絶法《ぜつぽう》の宣言となる生涯の課題であった。

一休は永享《えいきよう》九年（一四三七）、四十四歳の時に、今の仏法は混乱してわずかに一枚の紙切れを持てば自分は誰某の法を嗣《つ》いだという輩が多い、戒めるべきことなのにといって、人に預けてあった印可状を持ち出して、細かく切り裂いて燃やしたという記事が『年譜』にある。文安《ぶんあん》五年（一四四八）条には、この自分が破りすてたはずの印可状をいまだに門弟中の誰かが隠しもっているような気がするといって、周囲をなじり、はたして隠されていた印可状を取り上げて火にくべたという記事がある。そして宝徳《ほうとく》二年（一四五〇）には、自分を励まし門徒をいましめるために、規文を数通書いて、権力があって禅宗に理解のある幕府の有力者に送り、自分はこれまで一人も印可状を与えたことはない、しかし自分の死後に禁を破る者が出ないともかぎらない、もし仏法を知ると自称し、悟ったといつわる者があれば、これは仏法の敵であり、自分の敵であるから、獄につないでほしいと申し送った。この年の絶法宣言は一休にとっても生涯の画期を示す事件であった。

さきに述べた最晩年の病床にあって、門弟たちの一部が嗣法をもとめたのに対して、第一の門人没倫紹等《もつりんじょうとう》に聞いてみよといい、紹等がこれは師の「狂言」なのだと一喝した一件につながっている。

一休が絶法を宣言する背景には、当時禅林《ぜんりん》の腐敗した実情があった。東福寺太極蔵主《たいきょくぞうす》の日記『碧山日録《へきざんにちろく》』長禄《ちょうろく》四年（一四六〇）九月三日条に、「当世善知識《ぜんちしき》と称する者あり、その門に入る者、緇白《しはく》の多くは印可《いんか》を蒙り、天下を謾罵《まんば》し、諸方を凌《りょう》蔑《べつ》し、法を犯し戒を毀《こぼ》つ、処《ところ》は已に甚だ放逸なり、豈《あ》に見ざるや」と記している。

このごろは人を正しく導く善知識と称する者がいて、入門する僧と俗人の多くが悟りをひらいたと認められ、みだりに天下をののしり、諸方を軽蔑した物言いをし、法を犯し破戒をする。その様子ははなはだ放逸なもので、この現実を直視しなければならない、という。この状況はすでに長く続いていて、一休六十七歳にあたるこの時にも、東福寺屈指の学識者であった太極があらためて腐敗の現状を嘆息しなければならなかったのである。

三条西実隆《さんじょうにしさねたか》の日記『実隆公記』長享《ちょうきょう》二年（一四八八）五月十四日条には、「晩に及んで相国寺方丈に向かい、長老横川（景三）に謁す、（略）この次《ついで》に種々雑談す、仏法の大道、禅宗は当時《とうじ》（現在のこと）禅を知らざるの事など、法談尤《もつと》も興あり」とある。

三条西実隆は禅林の指導者のひとりである相国寺《しようこくじ》の横川景三《おうせんけいさん》と雑談するなかで、今の禅林の僧は禅を知らない状態に堕落している、ということが話題になった。一休没後七年のことで、五山の長老が公家に向かってそのことを嘆いてみせなければならなかったほどに、事態は窮していたのである。

不二法門

文殊が見舞いに行く

文殊師利問疾品《もんじゅしりもんしつほん》第五では、十大弟子、菩薩《ぼさつ》がいずれも維摩の病気見舞を辞退したので釈迦は文殊菩薩に見舞いを命じた。菩薩の中では文殊が知恵第一とされ、仏陀の相続者と称されたひとである。

これでようやく維摩の疾を見舞うひとが決まったが、これを聞いて、居合わせた多くの菩薩や仏の主だった弟子たち、帝釈天《たいしゃくてん》・梵天《ぼんてん》・四天王《してんのう》たちはみな、文殊と維薩が話し合ったらきっとすぐれた教えが説かれることだろうと心に思った。

仏説では迷いの生死をつづける輪廻《りんね》の世界として最高の世界は天界《てんかい》とよばれ、輪廻の世界は欲界《よくかい》・色界《しきかい》・無色界《むしきかい》の三に分けられ、三界《さんがい》とよばれる。三界については先に述べた。天界もこれによって三分され、梵天は色界の初禅天《しょぜんてん》に属し、天界のうちもっともこの地上に近いところは四天王の一族がいる四王天で、その上に三十三天忉利天《とうりてん》があり、その主が帝釈天で、ともに仏守護の神である。

また同時に八千人の菩薩や五百人の仏弟子（声聞《しょうもん》）たち、百千人の天上の神々たちもみないっしょに行きたいと考えて文殊について行った。

そのとき維摩はひそかに、いま文殊が大勢のひとたちといっしょにやってくる、と思って、すぐに神通力を発揮して、部屋の中のものを取り払い、召し使いたちも去らせて、部屋には寝台だけをおいて病気の身体を横たえていた。

文殊と維摩の問答

こうして文殊と維摩の問答が展開され、はじめに病気にかかっている菩薩はどのように自分の心を観察すべきだろうか、という文殊の問いに対して、維摩は病の根源について答える。

病の根本とは何か。対象としてとらえられたものがあるかぎり、それが病の根本である。三界（全世界）を対象としてとらえることであり、病の根本を知るとは、とらえないこと、見ないことである。主観と客観のふたつの観を見ないのである。病にかかった菩薩は老病死生を断つために自分の心を洞察すべきであり、自分の病気が真実でも実在するものでもないことを観察すべきである。このように観察すれば、衆生《しゅじょう》への慈悲心をおこすことは功徳《くどく》を目当てにすることにならないのであり、煩悩を断つために衆生に対して慈悲心をもつことと功徳を目当てにすることとは別のことである。

病を断つとはどういうことか。われありとの考え、わがものなりとの考えを断つことである。ふたつのことをはなれることで、我と涅槃《ねはん》の平等に至ることである。自我も涅槃も空《くう》であり、実体ではない。この平等を見るとき、病気と空は別のものではなく、病気こそは空である、と。

知恵と方便

そして、この問答のあとで、知恵と方便について議論がおよぶ。

この部分について、長尾訳では「（菩薩にとっての）束縛とは何か、解脱《げだつ》とは何か。方便（衆生を教え導く巧みな手段）を欠いたままで有《う》（の輪廻の世界）から解脱してしまうのは、菩薩にとっての束縛であります。逆に、方便をそなえて有の世界（輪廻の世界）にはいっていくことが、解脱であります。方便を欠いて、禅定《ぜんじょう》や三昧《さんまい》や瞑想などに味着するのは、菩薩の束縛であります。方便をもって禅定や三昧の味を味わうのが、解脱であります。方便に支持されない知恵は、束縛であり、方便に支えられた知恵が解脱であります。知恵に支えられない方便は束縛であり、知恵に支えられた方便が解脱であります。（略）知恵に支えられない方便は束縛であるとはどういうことか。すなわち、あらゆる誤った知見をもち、煩悩《ぼんのう》が起こり、煩悩の残滓《ざんし》（随眠《ずいめん》）があり、執着があり、怒りの中にあり、しかもあらゆる善根を積んでもそれを悟りの方向へは差し向けないこと、これが知恵に支えられない方便であり、束縛であります」とある。

この後、『維摩経』は、不思議品《ふしぎほん》第六・観衆生品《かんしゅじょうほん》第七・仏道品《ぶつどうほん》第八と続き、さらに入不二法門品《にゅうふにほうもんほん》第九において、維摩はその場に集まった菩薩たちに「不二の法門に入る」とはどういうことかを問うた。

不二の法門に入る

「入不二法門」は「にっぷにほうもん」とも呼ばれ、相対的な差別の認識をこえた絶対平等の認識に到ることをさす。天台宗の教学では、仏教言説は概念の水準を次第に細分化し、微妙に区分される用語によって述べられるが、その核心である中道観《ちゅうどうかん》は「一心三《いっしんさん》観《かん》」として把握される。「観」は「さとる」ということで、肉眼で見るのではなく、心で見ることであり、ひとつの心で世界のすべてを見るのである。「三観」には空観・仮《け》観・中《ちゅう》観があり、この観がみる所を「三諦《たい》」と称し、空諦・仮諦・中諦がある。空観は世界を「空」と覚ることであり、宇宙の森羅万象はすべて常に変化しており、そこに有ると思うのは錯覚で、実際には何もない、すなわち「空」であると認識するのである。仮観は、世界にある万象を、耳で聞き、目で見て、鼻で嗅ぎ、舌で味わい、身で寒い熱いを感じ、こころで思考して、これらの感覚にたよれば世界は確かに存在すると考えることである。しかしそこに有ると思うものも不断に変化して瞬時も止まることがなく常には存在しないので、仮りに存在すると観ずる世界観である。この空観・仮観はひとつのもの（ことがら）の表裏の両側面を別々に論じるのにとどまり、この二観の上に位置して「不二」とみる「中観」によるのでなければ正しい世界観は得られないとされる。空における万象はいろいろな差別を示すが、根本的には平等であり、この平等はまた差別を離れては存在しない。空だけでは正しい認識にいたらず、仮に対する認識もなければならない。この世界は空でもなく有でもなく、空にして空でなく、有にして有でないとみるのが中道観であり、「入不二法門」の「入」は観のはたらきにあたり、観のみた三諦が「不二法門」にあたるとされるのである。

以下に、菩薩たちは、生と滅、知と無知、真実と虚偽などについて、それぞれの多様な側面からその問いに答える。

菩薩たちの答え

存在の世界に自分を自由に変現する法自在《ほうじざい》菩薩は、「もろもろの仁者《じんじゃ》生滅《しょうめつ》を二となす、法はもと不生なり、今はすなわち滅なし、この無《む》生法忍《しょうほうにん》を得る、これを不二法門に入るとなす（諸仁者生滅為二、法本不生、今則無滅、得此無生法忍、是為入不二法門）」と答えた。

生じると滅するとが二である。生じることなく起こることがない場合には、滅することはない。法は無生（生滅を超えた絶対不変の真理）であるとの確信（無生法忍）を得ること、これが不二にはいることである、という。

善宿《ぜんしゆく》菩薩は、動きと思考とが二であり、動きがなく、思考がないならば、分別することもない。それが不二にはいることである、という。

善眼《ぜんげん》菩薩は、一相（絶対平等の一つのすがた）であるといい、無相《むそう》（ものには固定的な実体がないこと）であるという、これが二である。判断をやめ、分別をやめるならば、それは一相ともせず、無相ともしないことになる。無相であるといって無にとらわれず、一即無、無即一の境地に徹底して、ある相と別な相とにおいて相は平等であると悟れば、それが不二にはいることである、という。

獅子《しし》菩薩は、過失がある、過失がないというのが二である。他のものをくだきうる金剛のような知をもって、束縛もなく解脱もないと知るならば、これが不二にはいることである、という。

電天《でんてん》菩薩は、知（明）と無知（無明）とが二である。知は本質的に無知と異ならない。無知というようなものは、予測できないもの、数えられないもの、計量の道を越えたものである。このように理解することが、不二にはいることである、という。

知恵のすぐれる妙意《みょうい》菩薩は、眼と色（色彩と形）とが二である。眼を知り尽くすことによって、色に愛着せず、怒らず、無知でないのが、寂滅《じゃくめつ》と言われる。同様に、耳と声、鼻とかおり、舌と味、身体と感触、心と法とのこれらは二である。心を知り尽くして法に執着せず、怒らず、無知でないことが、寂滅である。この境地に安住することが、不二にはいることである、という。

感覚をよく制御する若根《じゃくこん》菩薩は、仏と法と僧とをわけるのが二である。しかし、仏の本性は法であり、法の本性は僧である。それらはいずれも無為《むい》（生滅変化を離れた永遠の存在）であり、無為は虚空である。あらゆる存在は虚空に等しいと、このように理解することが不二にはいることである、という。

人びとに幸福の種をまく福田《ふくでん》菩薩は、功徳と非功徳とそのいずれでもないのとの三つの行為がなされるというのが二であることであり、功徳と非功徳とそのどちらでもないのと、すべて無作為であるというのが、不二である。それらはすべて空であって、功徳もなく、非功徳もなく、そのどちらでもないのでもなく、作為するということもない。このようにすべてがなりたたないことが、不二にはいることである、という。

華厳《けごん》菩薩は、自我が起こることから二の対立が生じる。自我を真に知るものは、この二の対立を生じさせない。このように二の無の中にいるとき、知るものもなく、知られるものもないという、これが不二にはいることである、という。

月上《がつじょう》菩薩は、闇と明かりとが二である。闇もなく明かりもないのが無二である。もし滅尽定《めつじんじょう》にはいったならば、闇もなく明かりもなくなる。あらゆる存在もそれと同じで、その平等性を知るならば、それが不二にはいることである、という。滅尽定とは、心的な活動のいっさいが停止している境地で、同じ内容の無想定《むそうじょう》よりも、一段高い境地と考えられている。

宝印手《ほういんしゅ》菩薩は、涅槃を喜び、輪廻を喜ばないのが二である。涅槃も喜ばず、輪廻もいとわないならば、それが無二である。束縛《そくばく》があって、解脱が説かれるが、束縛がないならば、解脱を求めることもない。束縛もなく、解脱もないような比丘《びく》は、喜ぶのでもなく、いとうのでもない。これが不二にはいることである、という。

真理を喜ぶ楽実《らくじつ》菩薩は、真実と虚偽とが二である。すでに真実に達した者も、その真理性を見るということではない。まして虚偽を見ることがない。真理性を見るとは肉眼をもって見るのではなく、知恵の目をもって見るのであり、それは、見ることがなくあらわれることがないありかたで見ることである。見ることもなくあらわれることもない、これがすなわち、不二にはいることである、という。

このように、上の諸菩薩をふくめて都合三十一種の菩薩がさまざまの側面から経の「不二」の思想をあげて「入不二法門」とは何かについて答えた。

文殊、維摩に問う

それが了《おわ》って、維摩が（一説に菩薩たちが）文殊に、「不二の法門」を問う。それに応えて、文殊は、高貴な士よ、あなたがたの説はすべてよろしいが、しかし、あなたがたの説いたところは、それもすべて二なのである。なんらのことばも説かず、無語、無説、無表示であり、説かないということも言わない――これが不二にはいることである、と答えた。

さらに今度は文殊が維摩に問う。自分たちはそれぞれ思うところを述べました。あなたは不二法門に入るとはどういうこととお考えですか。

ここにおいて文殊師利、維摩詰に問う、我ら各《おのおの》自ら説き已《おわ》んぬ、仁者、まさに説くべし、何等か是れ不二法門に入ると（於是文殊師利、問維摩詰、我等各自説已、仁者当説、何等是菩薩入不二法門）。

すると維摩は無言をもってこれに応じた。

時に維摩詰、黙然として言無し（時維摩詰黙然無言）

長尾訳には「そのとき、ヴィマラキールティ（維摩）は、口をつぐんで一言も言わなかった」とある。

かくして文殊は維摩を称え、居合わせた五千の菩薩はみな不二法門に入り、解脱しないかぎり生ある者のすべてがとらわれる迷いの世界からの輪廻を断ったという。

以下、香積品《こうしやくほん》第十から嘱累品《ぞくるいほん》第十四まで続いて、経は終わる。

禅宗の不二思想

中国・日本の禅宗では『維摩経』は『金剛般若経《こんごうはんにゃきょう》』とともに重んじられた。「不二法門」「維摩一黙」の話題は、禅の精神を端的に語ったものとして注目され、『碧巌録《へきがんろく》』第八十四則「維摩不二法門《いまふにほうもん》」に公案として示されている。『碧巌録』は、中国宋代に雪竇《せっちょう》重顕《じゅうけん》（九八〇―一〇五二）が古人のすぐれた言行の百例を選んで、「挙《こ》す」ではじまる本則《ほんそく》とし、これに自作の詩（頌古《じゅこ》）をつけた。これを原型として、のちに圜悟克勤《えんごこくごん》（一〇六三―一一三五）がさらに本則の趣旨を示す序（垂示《すいじ》）、短評（著語《じゃくご》）、注釈（評唱《ひょうじょう》）を加えた。これが現在の『碧巌録』である。評唱は本則に対する広義の注釈であり、本文の解説、批判などがなされる。頌古は本則の核心を詩のかたちで言い切ったもので、これについても本則と同じく著語・評唱がつく。この書は百則から成り、一則の形式は垂示・本則・著語・評唱・頌古・著語・評唱の順に並べるのを原則とする。

以下に、平田精耕『現代語訳 碧巌集』（昭和六十二年、大蔵出版）によって、この則の内容を掲げ、「不二法門」が禅宗でどのように語られたかをみる。

不二法門をどう説くか

垂示に云く、善いと言ってもこれは善いという決まったものはなく、悪いと言ってもこれは悪いという決まったものもない。善いとか悪いとか、得たとか失ったとかの相対の世界を離れ忘れてしまう。そこはきれいさっぱりと何もない真っ裸。

さて言うてみるがよい。眼の前・背後にあるものはいったい何であろうか。一人の修行僧が出て来て、「眼前は仏殿、背後は寝室方丈」と言ったとする。さて言うてみるがよい。この人はまた仏法上の正しい弁別の眼を持っているかどうか。もしこの人のことを弁別できたら、あなたは親しく古人祖師がたと相まみえると言ってよいだろう。

［本則］維摩居士が文殊菩薩に尋ねた。（この男、甚だ世間を騒がすやつである、口を塞いでいたらよいのに。）

「菩薩が不二の法門に入るとはどういうことであろうか。」（知っていながら、わざと尋ねている。）

文殊菩薩が言った。「私の意見によれば、（文殊、何を言うか。不説の法門、すぐ説明のつかないことになってしまうぞ。文殊は自分の身に首枷《くびかせ》をはめて自白書を持参したようなもの。みずから髻《もとどり》を把《つか》んで役所に自首して出るようなもの、処罰を乞うているようなものだ。）

一切のものにおいて、（何を称して一切のものというのか。）言うこともなければ説くこともない、（何を言うのか。）

示すものもなければ認識することもない、(このようなことで他人を瞞《だま》すことはできようが、この円悟《わし》はそうはいかんぞ。)

種々の問答を離れている、(何を言うのか。)

これを不二の法門に入るという。」(入って何の役に立つというのか。たくさんの葛藤をもってきて何をしようというのか。)

そこで文殊師利菩薩は、維摩に尋ねた、「われらは各自《めいめい》説き終った。さて今度はあなたが説かねばならない、菩薩が不二の法門に入るというのはどういうことであろうか。」(このひと押しは金粟《こんぞく》如来といわれた維摩居士はおろか、たとえ三世の諸仏祖が出てきたとしても口を開くことはできぬであろう。相手の槍先を逆に相手に向けた。一人を殺した。維摩は箭《や》に当たって苦しんでいるが文殊を射たときの維摩の苦しみに似ている、今までは箭を射る方だったが今度は箭に当たった。)

雪竇が言った、「維摩居士、何と言ったか。」(やい。すべての箭が胸に集まったようなものだ、維摩は苦しんでいる。維摩に替わって雪竇が道理を説いている。)

また言った、「この話の筋書き、見破ったぞ。」(ただ雪竇のその時ばかりではない、円悟《わし》も今ただちに見破った。雪竇は盗賊が逃げてから弓を張っている。大衆のために雪竇は一生懸命力を尽しているが、禍いが自分の内側からやってくるのはどうしようもない。

さて言うてみよ、雪竇、本当の落ち着きどころを知っているか。夢にもまだ見ていまい。どうして見破ったなどと説くことができよう。危ないぞ。この話の結論はたとえ金毛の獅子〈維摩〉が手探りしても見つからない。〕

［頌］やい、この維摩老人、〔維摩を叱って何になる。叱るかわりに朝に三千打、夕に八百打すべきだ。叱ったからといって事は済むまい。三十棒を与えてやればよい。〕衆生をかなしみ憐れんで空しく苦悩している。〔他人をかなしみ憐れんで何になる。かなしまずとも、衆生はちゃんと金剛王宝剣の仏性を具有している。他人の閑事《ひまごと》のために煩悩を増している。苦悩して骨折っても何の益もない。〕

毘耶離城《びやりじょう》で病臥して、〔誰のためにこんな病いになったのだ、おかげでみんなに迷惑をかけている。〕全身が痩せ枯れてしまった。〔病気はしばらくおくとしても、どうして維摩は口をへの字に閉じたのであろう。口を閉じたのでは飯を食うこともできないし、また呼吸することもできないではないか。〕

過去七仏の祖師〈文殊菩薩〉が来るというので、〔客人がやって来たら必ず会いなさい、賊がやって来たら必ずぶっ叩きなさい。三万二千の菩薩衆、群をなし隊をなしてやってきた。維摩とやりとりするのは余程の働き手にして始めてできることである。〕ともかく維摩は病室を一生懸命に掃除した。〔しかし掃除をしたということが残っている。わざわざ掃除をするとは、もともと地獄に落ちてうごめいているようなものだ。）

そして不二の法門を尋ねられて、（もし不二の法門などと説くべき何物かがあるとしても、すでに維摩が説いてしまっている。打って言う、もし雪竇と一緒に尋ねても不二の法門は見えはしない。）そのときたちまち維摩は文殊に押し倒された。（悲しい悲しい。何を言うか。）

いや押し倒されてなどいない。（維摩老、死中に活き返った。まだ呼吸《いき》がある。）維摩の一黙、文殊も尋ねてみようがない。（やい。わかるかな。ああ、悲しい悲しい。）

訳者の文体語調は、問答の調子、場の空気を伝えようとして親切平明に見えるが、その平明にもかかわらず、語られている問答の内容は直に了解しかねる手ごわい雰囲気を残している。

風間敏夫『新釈碧巌集』（昭和五十三年、法政大学出版局）は、この維摩の沈黙無言のところを「無言無説と説くのもまた言葉によって不二を説明しようとするものである。その言葉に由る説明をも取り払ったものが維摩の一黙である。なるほどこれは文殊より更に一段と徹底している、と人は感心するかも知れぬ。だがそんなことでこの一黙が片付けられるのを雪竇は許せない。黙といってもぴんからきりまである。さあ今ここで維摩になって、各自のその胸中を一言で「道《い》え」、と雲水に迫ったのである」「文殊の答と維摩の一黙を単なる程度の差と見るならば、即ち両者を謂わば同一直線の延長上に予想するならば、文殊維摩共倒れである。さればこそ雪竇はあえて、維摩なんとか道《い》いし、と一問を提起した。維摩の一黙はそんなものではない」「雪竇が勘破した維摩の心底、それは如何程勝れた知能でも捉えようのないものである」と述べている。

先の手ごわい雰囲気のところを『碧巌録』は公案として修道者の課題としたことがわかる。

この様子は、すでに『維摩経』あるいは「不二法門」のテーマが禅宗に深く取り込まれていたことを示すもので、修学時代の一休の宿題でもあった。

ところでここに維摩居士を描き、画賛《がさん》に不二の思想を述べた画幅がある。

維摩居士図

文清《ぶんせい》筆・存耕祖黙《ぞんこうそもく》賛「維摩居士図」紙本墨画一幅（大和文華館蔵）である。

維摩図の多くは、文殊たちを相手に床上に安座した病人姿の居士像として、几《き》（ひじかけ）に凭《もた》れくつろいだ様子を示すのが定型であったが、この図は、几に凭れ、綸巾《かんきん》（糸で作ったずきん）を被り、長衫《ちょうさん》（裾の長い衣）を身にまとい、手に払子《ほっす》を持つ類型を踏襲しながら、半身像であり、維摩が文殊に向かって質問を発しようとする瞬間の気迫を描いている。

図の上部に東福寺聖一派の存耕祖黙による賛がある。

読み下し文（原漢文）で示すと、賛の本文前半に、「彼《か》の上人《しょうにん》は、居士《こじ》の服を着《つ》けて、毘耶《びや》城《じょう》に住み、菩薩《ぼさつ》の願《がん》に乗《じょう》じて、迷情《めいじょう》を利《り》せん（迷いのこころを救済する）とす、遊戯《ゆげ》の神通《じんつう》（自由自在なはたらき）をたくましくすれば、則ち天は廻《めぐ》り地は転《めぐ》る、無礙《むげ》の弁才《べんさい》（縦横自在に巧みな弁論）を振えば、則ち風は激《げき》し雷《いかづち》は轟《とどろ》く、以《もっ》て阿難《あなん》・迦葉《かしょう》を屈《くじ》いて、彼《か》れをして摧鋒折刃《さいほうせつじん》（相手を打ち破る）せしめ、目連《もくれん》・鶖子《しゅうし》（舎利弗《しゃりほつ》）（阿難以下の四人はともに仏十大弟子のうち）にせまりて、彼《か》れをして飲気吞声《いんきどんしょう》（息をつめてものも言えないほど

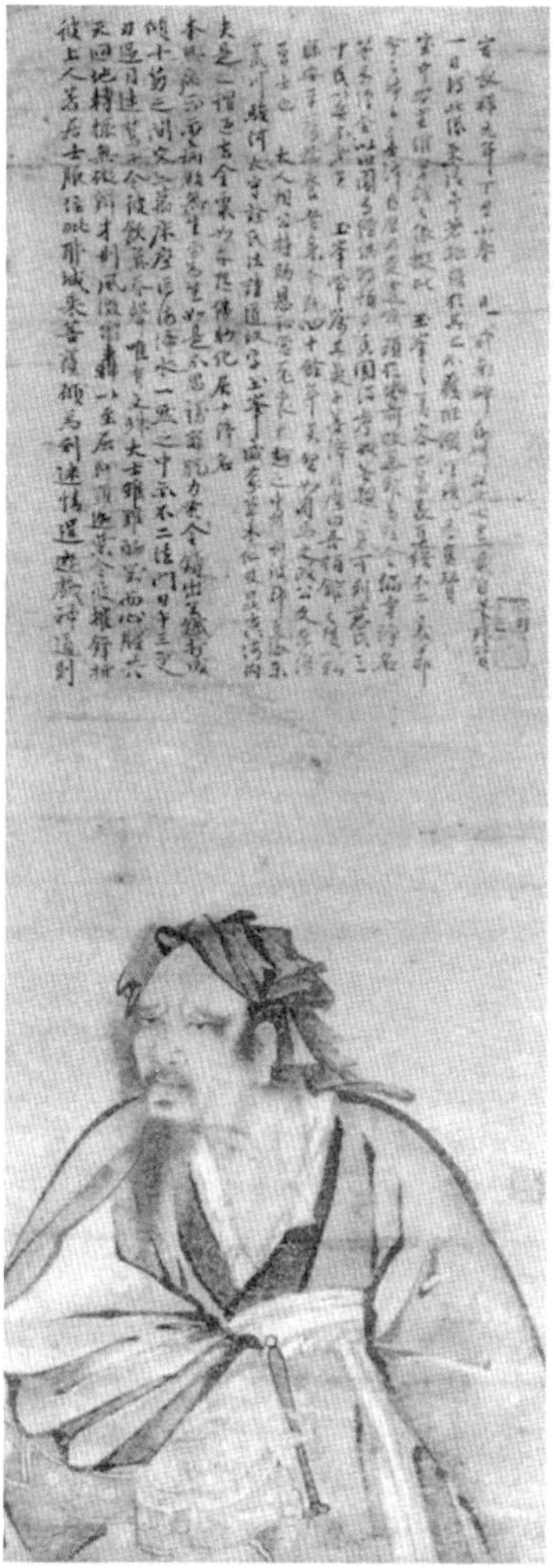

図5　維摩居士図（文清筆存耕祖黙賛、大和文華館所蔵）

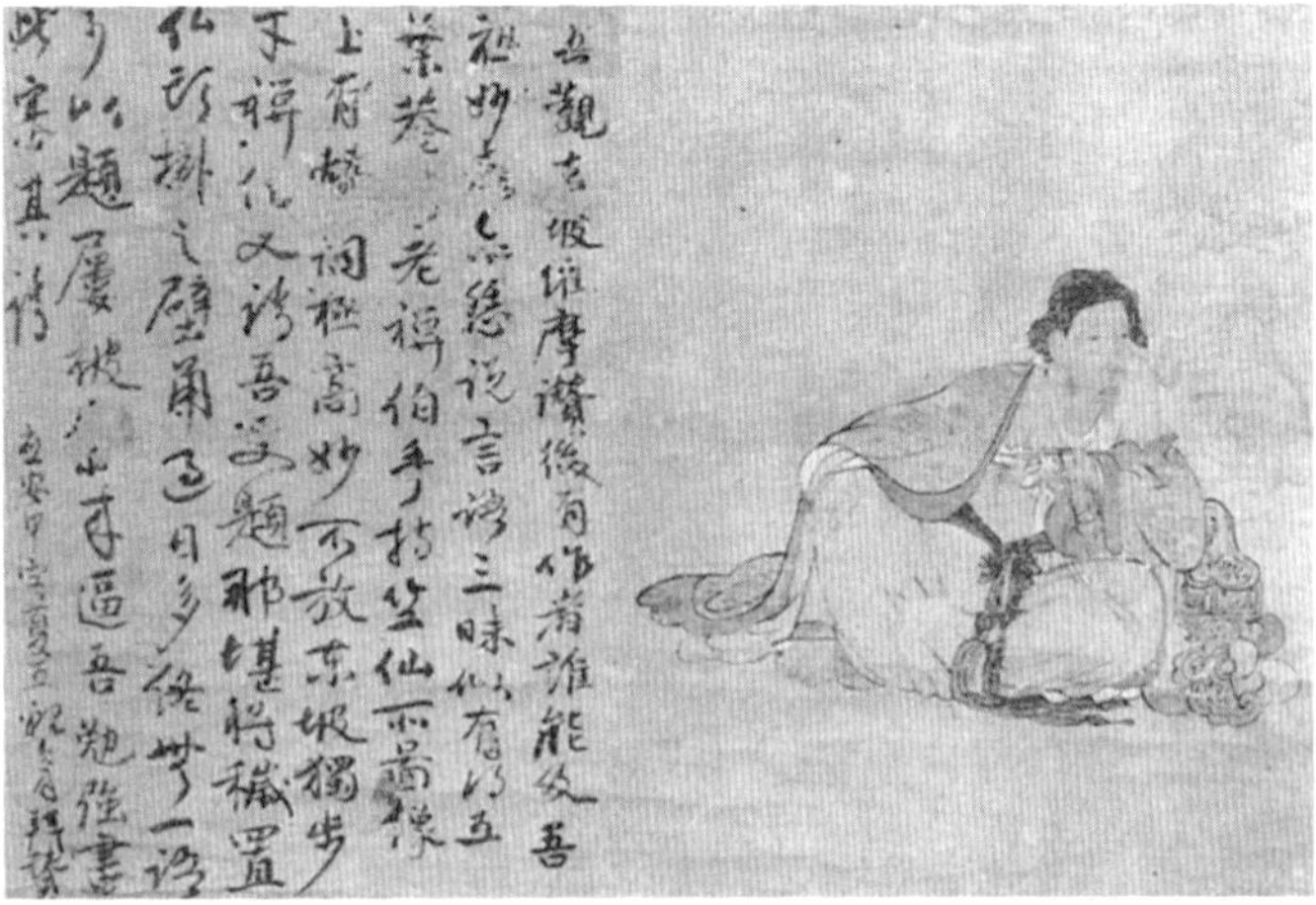

図6　維摩居士図（長福寺所蔵）

がっくりする）せしむるに至る、ただ文殊大《もんじゅだい》士《し》ありて、酬対《しゅうたい》（応答する）しがたしと雖《いえど》も、心胆《しんたん》ともに傾《かた》く（はじめ応対できぬとしたが、やがて心が通じ合った）、十笏《じっこつ》（十尺の長さ）の間《かん》（広間）に、三万《さんまん》の床座《しょうざ》を容《い》れ、巨海《きょかい》を渧水《ていすい》（水をそそぐ）せしむ、一黙《いちもく》の中《うち》に、不《ふ》二《に》の法門《ほうもん》を示して、日午《にちご》（ひる）三更《さんこう》（よる）せしむ、もと病《やまい》無くして病を示し、はじめ生《せい》無くして生をなす、かくのごとき不思議の解脱力《げだつりょく》をもって、黄金《おうごん》を鋳出《ちゅうしゅつ》し、生鉄《さんてつ》（まじりもののない鉄）を打成《たせい》す、夫《そ》れこれをしも、過去金粟如来《かここんぞくにょらい》（維摩の前身）、随仏助化《ずいぶつじょか》の居士《こじ》、浄名《じょうみょう》という」とある。

おおよそは先に『維摩経』に見た維摩居士のすぐれた能力と、文殊が維摩の病気見舞いに行き、不二法門について問答した話の要約である。

後半には、次のようにある。

荒川駿河《あらかわするが》太守詮氏《たいしゅあきうじ》は、法諱《ほうき》は道玖《どうきゅう》、字《あざな》は玉峰《ぎょくほう》、威《い》は草木を蒙《おお》い、仁《じん》は昆虫に及ぶ、海内《かいだい》の勇士なり、大人相公《たいじんしょうこう》（将軍足利義持）、特に恩を賜《たま》いて、秘《ひそか》に菟裘《ときゅう》（隠棲《いんせい》の地）を越《えつ》の中州《ちゅうしゅう》（越中、今の富山県）礪波郡《となみごおり》の直海《なおみ》の東の県《あがた》（料地）に営《いとな》ましむ、安んじて蒲輪《ほりん》（賢士を招く車）を奉じ、老身《ろうしん》（老いた身体）を養わしめる（養生させる）こと、今すでに四十余年なり、譬《たと》うれば司馬文政《しばぶんせい》［正カ］公（宋の名臣司馬光《しばこう》）の久しく洛中に在りて、民《たみ》の以て楽しまざる無《な》かりし（その治世によってすべての民が安心して暮らした）が如《ごと》し、

玉峰常にその英子《えいし》（すぐれた子）善済首座《ぜんさいしゅそ》（首座は禅僧の位階）に嘱《しょく》（依頼する）して曰《いわ》く、吾が捐館《えんかん》（死ぬ）の後は、私第《しだい》（自分の家）を以て僧舎《そうしゃ》（寺院）と為《な》し、田園《でんえん》（領地）を以て僧供《そうぐ》（僧のための供《そな》え）と為し、朝誦夕香《ちょうじゅせきこう》（朝に読経、夕べに香を捧げる）し、円《まど》かに（やすらかに）考妣菩提《こうひぼだい》の果《か》を満《み》たして（亡き父母の菩提を弔い）、慈氏《じし》の三会《さんね》（弥勒菩薩《みろくぼさつ》が衆生《しゅじょう》を救済する）の時に到るべしと云々、

善済首座すなわち遺嘱《いしょく》（遺言）を受け、あらかじめ生前《せいぜん》において、華館《かかん》（立派な建物）を改めて精舎《しょうじゃ》（寺）と為し、寺に浄名《じょうみょう》と扁《へん》（額を掲げる）し、室中に維摩詰《ゆいまきつ》の像

を安置して、玉峰の真容《しんよう》（姿）に擬比《ぎひ》（なぞらえる）す、蓋し《けだ》（つまりは）真俗不二《しんぞくふに》
（出家でもあり在家でもあり、そのいずれかでもない）の義《ぎ》（意味）を表わすものか、
一日《いちじつ》（ある日）、この像を持ちて来たり、予《よ》（存耕祖黙）に拙語《せつご》（自分の文章）をそ
の上に著《つ》けんことを請う、拒《こば》むことを獲《え》ず、俚語《りご》（卑俗な文字、へりくだって言う）
を綴《つづ》りて、以て真賛《しんさん》（肖像に寄せる賛）と為す、
　時に長禄《ちょうろく》元年丁丑《ていちゅう》（一四五七）、小春《しょうしゅん》（十月）の日、前《さきの》南禅存耕祖黙、七十二歳、
自筆拝賛《はいさん》（つつしんで賛する）す［印］［印］
賛を依頼された事情を記して、善済首座《しゅそ》が、父の荒川詮氏《あきうじ》（法名玉峰道玖）の遺言によ
り、その生前に第宅《ていたく》を寺にあらため、後に方丈《ほうじょう》に掛ける本尊としてこの図を描かせたの
であることを述べて、終わりの部分に、「善済首座、すなわち遺嘱をうけ、あらかじめ生
前において、華館を改めて精舎となし、寺に浄名と扁し、室中に維摩詰の像を安置して、
玉峯（荒川氏）の真容に擬比す、蓋し真俗不二の義を表すものか」と記して、在俗居士と
しての維摩と荒川氏を重ねる図像は、「真俗不二」を表すものだと言い切っている。
　維摩居士の像でありながら、禅宗に帰依した父の像でもあることを、善済首座は賛を依
頼するにあたって、存耕に告げてある。図の気迫が、維摩の気迫であり、荒川氏の気骨で
あって、図像の主は維摩であり、維摩でなく、詮氏であり、詮氏でなく、そのいずれでも

あり、そのいずれでもない。賛の素材はすでに公案の領域に入っていて、賛者の存耕の力量が試されていた。存耕はこれに対して「真俗不二」の文字を選んだのである。

禅宗には居士、居士の家族、無名の婆子に至るまで、教団外の存在に対して畏敬を示す発想があった。やがて積極的に聖と俗の境界に立つ人間像が描かれ、代々の祖師たちはもとより、布袋《ほてい》・寒山《かんざん》・拾得《じっとく》など、半僧半俗の境界にいる人物たちの像が好んで描かれるようになり、維摩の画像はその典型であった。この気迫あふれる「維摩居士図」は、その歴史における優品といえる。

存耕祖黙

この図に著賛した存耕祖黙は、一休がはじめて『維摩経』を聴聞した清叟師仁が円爾《えんに》―東山湛照《とうざんたんしょう》―虎関師錬―清叟と師承した聖一派《しょういちは》三聖門派《さんしょうもんぱ》虎関下の人であるのに対して、円爾―潜渓処謙《せんけいしょけん》―夢岩祖応《むがんそおう》―少室通量《しょうしつつうりょう》―存耕と師承した聖一派本成門派《ほんじょうもんぱ》の人である。

東福寺第百三十四世住持となった後に、康正（一四五五―五七）ごろに南禅寺第百八十六世住持となった。その入寺の年月は不詳であるが、『南禅寺住持籍』（南禅寺蔵本）によれば、第百八十一世瑞岩竜惺《ずいがんりゅうせい》が享徳三年（一四五四）に入寺し、その後第百八十五世まで入寺年月不詳の四人の名があり、存耕の後の第百八十八世竺華梵蕚《じくかぼんがく》が長禄二年（一四五八）三月二十一日に入寺しているので、それ以前に退院《ついえん》したと思われる。康正三年は九月二十八日に長禄元年と改元した。画賛署名に「長禄元年丁丑小春日、前南禅存耕祖黙、七十二歳」とあり、「前南禅」とあるのはその退院後であることを示している。

ちなみに署名に「七十二歳」とあるのは存耕の伝記として貴重な材料である。これまで『扶桑五山記《ふそうござんき》』東福寺記事に「応仁元二月十四日寂」とあり、享年は不詳だったが、長禄元年（一四五七）に七十二歳であれば、その生年は至徳三年（一三八六）であり、応仁元年（一四六七）の死去時には享年八十二であったことになる。また没日について『扶桑五山記』は二月十四日とするが、『南禅寺住持籍』には「二月二十二日示寂」となっている。

存耕と清叟がほぼ同じ世代の聖一派の人であったことは、東福寺内における『維摩経』研究の学統が継続されたこと、あるいは清叟の講説にみるようにそのころに東福寺学風をあらためて寺院内外に広める動きがあったことを示唆するものだろう。「維摩居士図」の著賛を存耕に依頼したのも、その影響によるのであったかも知れない。

画賛の長禄《ちようろく》元年（一四五七）は、一休六十四歳の時にあたる。この画像は、室町期における維摩信仰の成熟を端的に表したものであり、その信仰が時代思潮の底を深く流れて、広く行きわたっていたことがわかる。のちにみるように、一休は維摩の「方便」と「不二」の思想を駆使しているが、「真俗不二」を揚言するこの画賛は、その駆使において一休は孤立していなかったことを告げている。

森女図の世界

森女図

ふたつの賛

「一休宗純と森女《しんじょ》図」（正木美術館所蔵）とよばれる注目すべき図像一幅がある。この画面にはふたつの賛がある。筆跡は一休の自筆ではないとしても、一休風であり、画面が一休の世界である印象を生んでいる。

ひとつは、一休円相《えんそう》（円い空間の中に描かれた半身の肖像、通常の半身像とは別に崇敬する気持が深い）の上の余白に、

大円相のうちには全身を現し　　大円相裏現全身
画には虚堂面目《きどうめんぼく》の真《しん》を出だす　　画出虚堂面目真
盲女の艶歌《えんか》は楼子《ろうし》を笑い　　盲女艶歌笑楼子

花前の一曲は万年の春　　花前一曲万年春

とあり、「前大徳天沢七世東海順一休老衲《ろうのう》、自題与之玉垣居士云（自ら題してこれを玉垣居《たまがきこ》士《じ》に与えて云う）」と署名してある。円相にあるのは半身だが全身を表しているのでもあり、その姿には虚堂の修道の真価が映しだされている。森女の色歌は楼子とそれにならう者を笑ってものともしない、花咲くなかに歌は奏《かな》でられて春は爛漫《らんまん》、という。「天沢《てんたく》」「虚堂」は一休が傾倒した虚堂智愚《きどうちぐ》（一一八五—一二六九）である。虚堂は中国

図7　一休宗純と森女図
（一休宗純賛，正木美術館所蔵）

臨済宗《りんざいしゅう》楊岐《ようぎ》派《は》松源《しょうげん》派《は》の人。運庵普巌《うんあんふがん》の法嗣。諸方の師に参じ、各地の大寺の住持となり、晩年には五山第四位の浄慈寺《じんずじ》、径山《きんざん》の大道場である能仁興聖万寿禅寺《のうにんこうしょうまんじゅぜんじ》などの住持となった。

一休はこの人をとくに崇敬して自ら「虚堂七世孫」を署名に用いた例がいくつかある。門弟祖心紹越《そしんじょうえつ》が一休を開山に開いた越前深岳寺《えちぜんしんがくじ》には「虚堂七世」署名の自賛像があった。第三句の「盲女」云々は、後掲する『狂雲集《きょううんしゅう》』の「盲女森侍者《しんじしゃ》、情愛甚だ厚し、まさに絶食して命をおとさんとす、愁苦の余り、偈《げ》を作って言う」と題する詩の「百丈の鋤頭《じょとう》信施《しんせ》消え、飯銭閻老《はんせんえんろう》曾《かつ》てゆるさず、盲女の艶歌楼子をわらう、楚台の暮雨《ぼう》滴《しずく》して蕭々《しょうしょう》（百丈鋤頭信施消、飯銭閻老不曾饒、盲女艶歌咲楼子、楚台暮雨滴蕭々）」の第三句をそのまま使っている。ここでは、円相の下に描かれている森女に向かって詠みかけるかたちになっている。

右の画賛のこころは、『狂雲集』の「題婬坊《いんぼう》」（一四四）に、

美人の雲雨愛河《うんうあいが》深し　　美人雲雨愛河深
楼子老禅《ろうしろうぜん》楼上の吟《ぎん》　　楼子老禅楼上吟
われに抱持唼吻《ほうじそうふん》の興《きょう》あり　　我有抱持唼吻興
ついに火聚捨身《かじゅしゃしん》の心無し　　竟無火聚捨身心

とあるのに連絡している。添い寝する美人の情愛は深い河のようなもので、楼子和尚は楼上の女の歌で悟った。私は抱擁や接吻がたのしみで、身命を捨てて修行にいそしむような心は持ちあわせていない、という詩意で、先の図の賛は自分と森女への愛を詠ったものである。

楼子和尚は、伝記のよくわからない伝説的な人である。宋代の禅僧の伝記『五灯会元《ごとうえげん》』に、ある日街を歩いていて、二階建ての飲み屋の上の楼上でひとが歌うのを聴いて忽然と

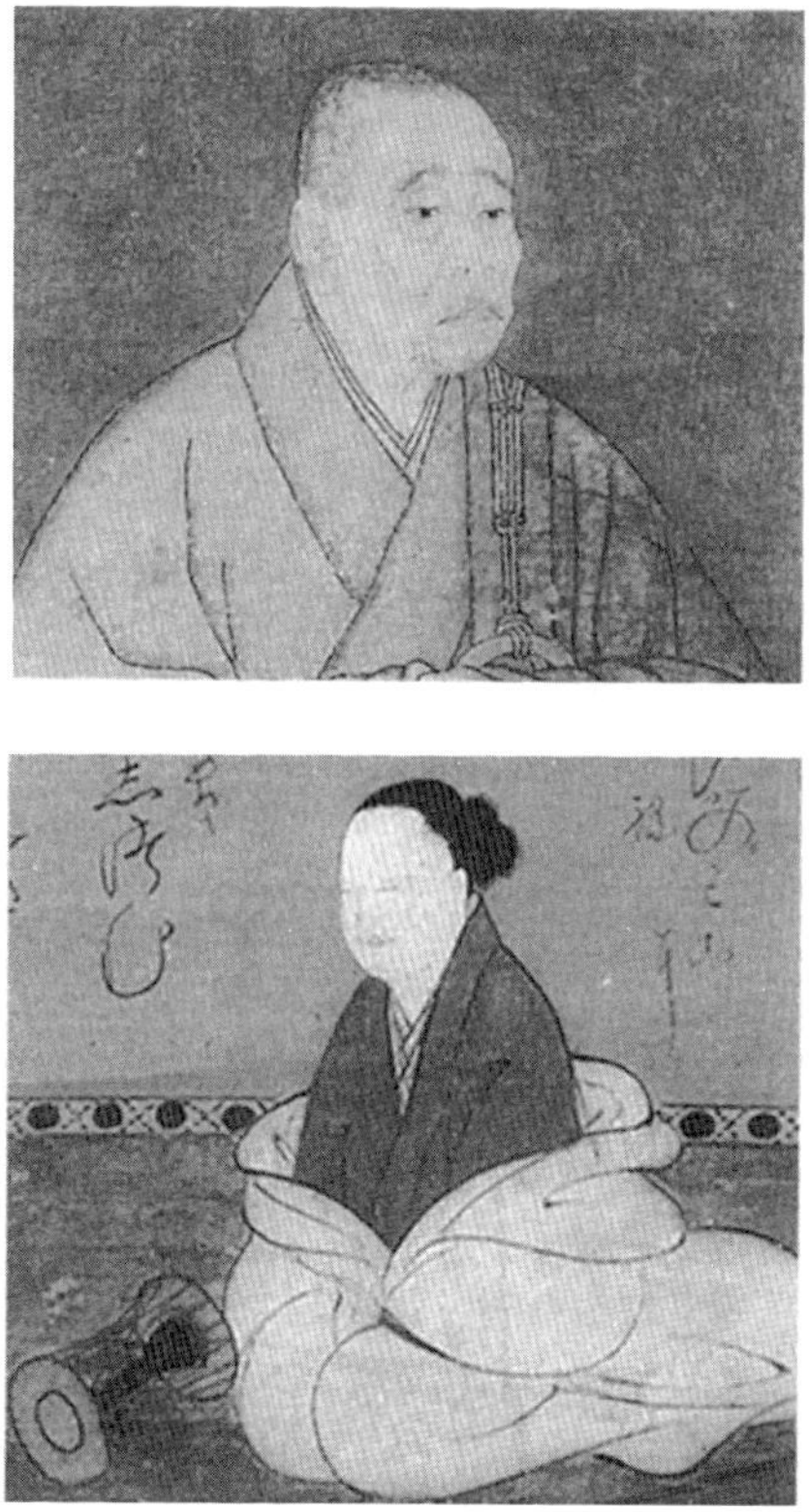

図8　一休と森女（部分）

悟ったので楼子とよばれるようになった、とある。

もうひとつの、円相と森女の像との間の余白に散らし書きされた歌は、「森上郎の御詠」と題して、

おもひねのうきねのとこにうきしつむ　なみたならてはなくさみもなし

とあり、恋しい人とかりそめの添い寝をし、泣いて夜を明かすことだけが慰めなのです、という。一休に対する森女の側からの返し歌にあたる。

森女図の成立

この図がいつ成立したのかは不詳である。『狂雲集』に「紹越侍者が衣を更えて名を「玉垣《たまがき》」と称したので、偈を作って与える（紹越侍者、更衣号玉垣、因作偈以与之）〈文明三年厳寒日〉」（五五八）と題して、

眼前《がんぜん》の珠翠《しゅすい》綉《しゅう》の棚《たな》
寵《ちょう》をたもつ藞苴《らそ》活納僧《かつのうそう》
納僧の作略《さりゃく》人の識《し》るなし
室内の霊光一盞《れいこういっさん》の灯

眼前珠翠綉簾棚
保寵藞苴活納僧
納僧作略無人識
室内霊光一盞灯

という偈がある。

眼の前に珠と翡翠《ひすい》のかみかざりをつけた少年が簾《すだれ》の桟敷《さじき》に座り、野僧（わたし）はこの子を寵愛している。僧のしかけは誰も識らず、室内には大徳寺開山《かいさん》の禅のともしびがひとつ灯る、という。

この詩題の「更衣号玉垣」と先の「一休宗純と森女図」の署名にある「自題与之玉垣居士云」が重なることから、図とこの詩は対応しているとみられる。紹越侍者が「玉垣」と改名したのを祝って「森女図」が作られ、紹越に与えられたというつながりになる。改名は文明《ぶんめい》三年（一四七一）のことであったから、図はそのころ、あるいは一休が示寂する文明十三年の以前に成立したと考えるのが自然であるが、賛が自筆でなくてその写しであってもよいし、さらに一門の結束のために、後で作られたのであったとしても、さしつかえない。

ここの第三句「衲僧作略《のうそうのさりやく》 無人識《ひとのしるなし》」について注目すべきである。これまでとくに注意されることはなかった。蔭木英雄訳でも「衲の（風流な）弟子指導法は誰も知らぬ」と表面的な解釈がなされている。この「作略」をどうみるかが本書の要点のひとつで、別の解釈を試みたい。

図9　戸陀寺跡

祖心紹越

名を更えたとされる祖心紹越は、『年譜』の他の年条にも見える。越前朝倉孝景《あさくらたかかげ》の弟、経景《つねかげ》の子で、年齢ははっきりしないが、文明十三年以来、酬恩庵《しゅうおんあん》の侍真《じしん》（禅寺で開山塔や開山の像を守る役、比較的若い僧が務める）を輪番《りんばん》で勤めたことが知られるので、そのころは青年僧であって、文明三年当時はまだ少年僧であったと思われる。

この紹越が永正《えいしょう》十一年（一五一四）に書いた「祖心紹越寺役勤仕条々記録《そしんじようえつじやくごんしじようじようきろく》」（『大徳寺文書別集　真珠庵文書』一〇三号）という記録があり、一休が没した後の真珠庵《しんじゆあん》・酬恩庵ほかの一休門派の寺庵経営の様子がうかがえる貴重な記録である。その内容は次のようである。

紹越は、文明十三年以来、酬恩庵に輪番で侍真の役を勤め、真珠庵造営以後はその侍真と納所《なつしよ》（出納の役、事務の係）を勤めた。文明十四年には、丹波戸陀寺《たんばしたじ》を再興し、明応七年（一四九八）には、禅玄庵《ぜんげんあん》住持となり、四年住して修理などをした。

図10　酬恩庵

文亀《ぶんき》元年（一五〇一）には、酬恩庵住持となって五年住し、修理もした。永正二年には、妙勝寺《みょうしょうじ》の住持となり、永正五年には、真珠庵住持となり、禅寺の規則通りの二夏三年《にかさんねん》住して、造営を加えた。禅宗では、一年のうち特定の期間を定めて坐禅などの修業に専念するのを安居《あんご》といい、夏《げ》安居・冬安居がある。とくに四月十五日（結夏《けつげ》）から七月十五日（解夏《かいげ》）までの夏安居が重視され、これを二回（二夏）終了し、あしかけ三年の間住持するのを住持の原則とした。実際には室町時代になって時代が下るにつれて、寺院の事情などから頻りに住持が交替し短かくなるのが通例であった。同年、住吉床《すみよししょう》菜庵《さいあん》を管理して、一休三十三回忌を営み、すでに文明七年にその屋敷地を寄進していた。文亀元年には劉《りゅう》仙庵《せんあん》も管理して造営を加え、永正九年まで十三年住した。

永正九年には、薪《たきぎ》の疎《そ》壁軒《へきけん》を開堂し、この間、酬恩庵・真珠庵の塩・味噌銭（寺の生活に必要な塩・味噌の用意をするための費用）の定額、紫野《むらさきの》の如意庵《にょいあん》の定額などを、故郷の越前より滞りなく納入するのを取り次ぎ、酬恩・真珠庵で一休月忌《げっき》（毎月の一休の忌日《きにち》に営む法要）と祠堂銭《しどうせん》の運営をした。祠堂銭はもとは死者の供養や寺の建物を修復する名目で寄進される銭をさし、のちにこれらの銭を基金として寺がおこなう金融をいうようになった。金利は低かったが、幕府の保護をうけて盛んに行われるようになった。

一休の三十三回忌は各地で行われ、永正六年にはさきに紹越が開いた越前深岳寺で行い、永正七年三月には真珠庵で、同九月には住吉床菜庵で、同十一月には酬恩庵で行われ、命日にあわせる正式の三十三回忌は、永正十一年十一月二十一日、薪酬恩庵で大規模に執り行われた。これらの運営は、一休没後の門派の健在を示すとともに、新しい門徒と布施《ふせ》を獲得するデモンストレーションでもあった。紹越はその中心的存在として活躍したのである。

この記録ははじめ永正十年二月に書かれ、翌年、正式の三十三回忌が了《おわ》って後に、その記事が追加された。門人はそれぞれの立場で応分の勤務をしたのであったと思われ、ここには紹越の精励の様子が見られる。

紹越改名の作略

後年にこのように活躍する人が、少年のころに、「玉垣居士」と名を改めたことがあったというのである。改名の一件は、不意に挿入された出来事であり、むしろ異様なことであった。居士を名乗ることは出家でなくなることである。

紹越侍者は、改名されたころ、一休の膝下《しっか》にあり、少年僧の還俗《げんぞく》は修道の中断を意味した。関係史料にそのことを語る材料はなく、先の紹越の記録は、むしろ順調な修道の継続を推測させるもので、一時的にも実際に還俗したとは考えられない。また「玉垣」は神社の周囲にめぐらした垣根であり、禅林において修行する僧の号としてふさわしくない。

紹越の履歴と更衣の一件の成り立ちからみても、この「改名」は、実際にはなされなかったことであり、本来の法名とは別のレベルでつけられた仮想の名であったと考える。『狂雲集』の偈には、「作略を人は識らない」として、この名のりが意図的な「作略」であったことをもらしている。「作略」は方法、策略であり、禅林で広く用いられる「手段」を意味した。

この「作略」がどのようなものであったかを、改名とかかわりのあった「一休宗純と森女図」の側から問うてみる。

森女図の構成からみえるもの

図は、やや小ぶりの縦長画幅の中央より上の円相に、画面に向かって右側に視線をむけて一休の半身像がある。この円相は別に描かれた像から切り抜かれて画面に貼りつけられたもので、その下の方に、緑色の畳の上で、画面に向かって左に顔を向けて座る盲目の森女が、紅い衣を着けて描かれている。

一休の顔は他の一休の肖像にも見るようなわずかなひげをつけて穏やかな表情をしており、像の背景は薄墨色に塗りつぶされている。この円相はひとつの空間を作っているが、森女の座っている空間にふくまれているようでもあり、別の空間に浮かんでいるようでもある。画面空間の質は、ふたつでありふたつでなく、ひとつでありひとつでない。

図の中心は、一休ではなく、森女でもなく、あるいは一休でもあり、森女でもある。ふたりのどちらでもないが、ふたりのどちらでもある。あえていえばふたりの「関係」が主題となっていて、その関係は、愛人のようでもあり、夫婦のようでもあり、そのいずれでもあり、そのいずれでもない。そのように見えるように作られている。

円相に祖師像を描くのは、崇拝の対象としてであり、修道の空間である。森女の像の方は俗の空間だが、その姿は、盲目である人の寂静《じやくじよう》の様子が強調されていて、さきに見た『維摩経《ゆいまきよう》』の「不二」問答のうち、妙恵《みようえ》菩薩の「眼と色」、月上《がつじよう》菩薩の「闇と明かり」の論が下敷きにあったかも知れないことに思い至る。

さきに掲げた文清筆・存耕祖黙賛「維摩居士図」は、維摩を描いて武家荒川氏を重ね、そこに「真俗不二の義」を認めたのであったが、ここでは真としての一休と俗としての森女をひとつの画面に配置して、その全体において「真俗不二」の空間を生み出している。

全体としてみれば、図の一休と森女のいる空間は、異質のふたつの空間とひとつの空間に関する課題となっていて、いわば二であり二でなく、一でなく一である。このように森女図の空間とその構成は、『維摩経』の不二世界につながっていると読めるように作られている。

一休における維摩（1）

一休における維摩信仰はどのようなものであったろうか。『狂雲集』に維摩の名を出した作がある。

「文殊《もんじゅ》と維摩の対談（文殊維摩対談）」（六一九）に、

不二法門労浄名
一黙如雷大衆驚
新羅国裏暗放箭
夜半扶桑則太平

不二《ふに》の法門 浄名《じょうみょう》を労《ろう》し
一黙《いちもく》は雷のごとく大衆《だいしゅ》驚く
新羅国裏暗《しんらこくり》に箭《や》を放てば
夜半の扶桑《ふそう》すなわち太平

とある。

不二法門について、維摩をわずらわしたが、その沈黙無言は雷のようで、大衆を驚かす。朝鮮の新羅で暗夜に箭を放てば、結論を急いで肝心の急所をはずすことになり、日本の夜の禅林は安穏《あんのん》太平なり、という。

「新羅《しんら》の箭《や》」については、『碧巌録《へきがんろく》』第一則「武帝問達磨」の「頌《じゅ》」に「聖諦廓然《しょうたいかくねん》、〔箭《や》、新羅《しんら》を過ぐ、咦《い》、〕何当《いつ》か的を弁ぜん、〔過《か》や、什麼《なん》の弁じがたきことかあらん、〕朕《ちん》に対する者は誰ぞ、〔再来半文銭に直《あた》らず、また恁麼《いんも》にし去れり、〕還《かえ》っていう、「不識《しらず》」と、〔三箇四箇中《あた》れり、咄《とつ》、〕これによって暗に江を渡る、〔人の鼻孔《びこう》を穿《うが》つことを得ず、却って別人に穿たる、蒼天《そうてん》蒼天、好《はなは》だ不大丈夫〕」とある。

「聖諦廓然」は、仏の悟りのさっぱりとして何の執着もないこと。「箭過新羅」は、新羅は朝鮮のこと。矢が遠くの朝鮮を過ぎてしまったとは、迅速でその落所が知れないこと。「咦」は、ふうんと、無視や半信半疑の気持ちを表わす。「再来不直半文銭」は、二番煎じには一文の値打ちもないこと。「咄」は、コラッと叱る意。「蒼天蒼天」は、やれ悲しや、と嘆息をあらわす感嘆詞。「不大丈夫」は、非常に不甲斐ない男の意。平田精耕訳に、「聖なる真理はからりとして何もない、〔言葉で表現しては真理ははるか彼方でどことも知れぬ。ふん。〕いつになったら端的を弁《わきま》えることができるのだろう。〔まちがった。どうして端的が弁えにくいことがあろう。〕朕の前にいるお前は一体何者だ、〔また出てきた、半文の値打ちもない。雪竇《せっちょう》、またこんなことを言っている。〕その人は知らないと言っている。〔達磨、武帝、雪竇、それに円悟、三人も四人も知らないと言っているのは、いい言葉だ。やい。〕そういうわけで、ひそかに達磨は揚子江を渡った、（達磨は武帝の鼻孔を穿《うが》つことができないで、かえって雪竇に鼻孔を穿たれた。ああ、悲しい、悲しい、達磨、甚だ不甲斐ない。）」という。

よく知られる真珠庵蔵「一休遺偈」に「須弥南畔、誰会我禅、虚堂来也不直半銭（宇宙の中央にある須弥《しゅみ》山の南畔にあって、誰もわが禅をわかる者はいない、あの虚堂が来たって何の値うちもない）」とあり、この「不直半文銭」を使っている。一休は末期におよんでそのもっとも畏敬する虚堂智愚を突き放したのである。遺偈は、裏書《うらがき》によれば、はじめ睦室紹《ぼくしつしょう》睦《ぼく》に与えられたものであった。

公案の引用がこの詩に拡がりを加えて、真摯な求道の面持をみせている。詩は、「『維摩経』の世界」でみたように、諸菩薩に不二の法門に入るとはどういうことかを問い、菩薩たちがいろいろ答えたのに対して文殊が、それもすべてが二であり、無語、無説、説かないということもいわない、それが不二に入ることだと答え、ついで維摩に問い、維摩は無言をもって応じた、という『維摩経』のクライマックスを受けたものである。

つぎに「維摩居士賛」（六二一）に、

一休における維摩（2）

毘耶《びや》に臥疾《がしつ》し　　臥疾毘耶
現成公案《げんじょうこうあん》す　　現成公案

菩薩を排斥して
一刀に両断す
酒肆《しゅし》と婬坊《いんぼう》
爛酔《らんすい》の羈絆《きはん》
箭は新羅《しんら》を過ぎ
治乱を消し得たり
觜《し》
木犀《もくせい》は吹き送る香積《こうしゃく》の風
金粟如来《こんぞくにょらい》はこの俗漢《ぞくかん》なり

排斥菩薩
一刀両段
酒肆婬坊
爛酔羈絆
箭過新羅
消得治乱
觜
木犀吹送香積風
金粟如来這俗漢

とある。毘耶離城で疾を示している様子はそのまま判決を待つ姿だ。文殊菩薩をしりぞけて一刀両断。飲み屋と色街、泥酔の束縛も一默でばっさり。箭が新羅を飛び越して的をはずしても、治と乱を使いこなす。ん。木犀は香積世界の風を吹き送り、金粟如来はこの在俗の維摩なのだ。

「毘耶」は毘耶離城。維摩はこの町の長者だった。「現成公案」の「公案」はもと法令の意味で、動かすことのできないもの、目の前にあるものがそのまま絶対の真理であることをいう。「觜」は、くちばし。「觜盧都《しろと》」ともいい、だまりこむ、口を閉ざしていわない、鳥が觜《くちばし》をつぐんで啼かない様子で、禅宗語録に使われる文字である。

詩の初めの部分は、さきに見たように、維摩が病室に臥してもろもろの菩薩や文殊の見舞いをうけて不二の問答に入って、一黙に至る様子を受けており、維摩は菩薩たちの的をはずした答えを一黙でばっさりと斬ってすてた。「新羅の箭」については前の詩のところでふれた。

こうして沈黙のあとで次の話題に移る。「香積《こうしやく》」については、『維摩経』香積品《こうしやくほん》第十に詳しく説かれている。維摩一黙の説法が終わってから、舎利弗《しやりほつ》が心の中で「そろそろ昼食の時刻だがここにいる菩薩たちは何を食べるのだろう」と思ったのを、維摩は早くもそのこころを読み取って、「しばらくお待ちなさい、これからあなたたちがまだ味わったことのないすばらしい食事をさしあげましょう」といって、瞑想に入り、神通力によってこの国より上の方にある衆香国《しゆこうこく》という名の国を人びとの目に見えるように示した。

そこにいる仏は香積とよばれ、この国の人びとはみな香で高殿を造り、いたるところが香りに満ちていた。ちょうどこのとき香積仏は食事をしていて、菩薩たちはその光景を目にした。そこで維摩はたちまちひとりの菩薩を作り出し、香積仏が香ばしい食物をいっぱい鉢に盛ってその菩薩に与えると、その菩薩はその国の九百万の菩薩たちとともに維摩や多くの菩薩に会いたいという。そして香積仏の不思議な力と維摩の神通力によって一瞬のうちに維摩の家に姿を現し、食物の盛られた器を維摩に差し出した。その後月蓋《がつがい》という資産家の長者が八万四千の人を連れて維摩の家を訪れ、そのほか神々や欲界《よくかい》・色界《しきかい》の諸天《てん》たちも香気をかいで維摩の家にやって来た。

こうしてすべての人びとは腹一杯に食べたが、食べ物はもとのままでなくならなかった。人びとの身は安らかになり心は楽しくなり、その毛穴から発する匂いは美しい香りがして、衆香国の樹々の香りのようであった。その後、その国の菩薩たちと維摩の間に、たがいの国における説法の仕方について問答がなされ、それぞれの人びとはみな法悦を得たという。

詩の終わりちかくの「嵛」の文字は維摩の沈黙に対応して置かれ、それから後の二句は、衆香国と香積仏から贈られた香り高い食べ物によってもたらされた悦びと、そこに至るまでに発揮された維摩の神通力をたたえている。

ここにおいても詩の主題は、「不二法門」と金粟如来《こんぞくにょらい》（維摩の前身）の「方便」である。

一休における維摩(3)

つぎに「維摩文殊同幅」（六二四）に、

不二《ふに》の法門魚《ぎょ》を得て筌《やな》を忘る
文殊薩埵《さつた》は万端言詮《ばんたんごんせん》

不二法門得魚忘筌
文殊薩埵万端言詮

維摩居士はただこれ黙然《もくねん》
方丈《ほうじょう》の敷座《ふざ》三万二千
神通妙用《じんつうみょうよう》にて鑑《かん》は機先《きせん》にあり
竜尊《りゅうそん》と金粟大用現前《だいゆうげんぜん》す
これを喚《よ》んで道となし、これを喚んで禅となす
風流愛すべし公案未《いま》だ円《まど》かならず
莫々《まくまく》
真の師子児《ししじ》は獅子吼《ししく》し
一黙の雷声早天《らいせいかんてん》に振るう

維摩居士只是黙然
方丈敷座三万二千
神通妙用鑑在機先
竜尊金粟大用現前
喚之為道喚之為禅
風流可愛公案未円
莫々
真師子児獅子吼
一黙雷声振早天

とある。不二の法門は、会得すればことばがいらない。文殊はすべてに雄弁で、維摩はただ黙る。方丈に菩薩を迎えるのに一気に三万二千の席を用意する、この神通力はすばやく相手の心中を見抜いて用いられた。文殊の本地である竜種上《りゅうしゅじょう》智《ち》尊王《そんのう》と金粟の大きなはたらきが目の前に現れ、それを道とよび禅とよぶ。風流は愛すべくして公案はまだ解けない。よしできた。獅子の児文殊は獅子吼し、維摩の一黙は日照りの空に鳴る雷声なのだ。

「忘筌《ほうせん》」は、言語にとらわれないこと。「敷座三万二千」は、経に維摩居士が訪れた客の

ために神通力を発揮して瞬間に多数の席を用意したとみえる。「莫々」は、ことが成就《じょうじゅ》したさま。「獅子吼」は、『碧巌録』第四則「徳山《とくさん》、潙山《いさん》に到る」の「本則」に「真の獅子児、善く獅子吼す」とあり、平田精耕訳に「本当のライオンの児がライオンらしい吼《ほ》えかたをしている」とある。「風流可愛、公案未円」は、同じく「本則」に「風光愛すべくも、公案未だ円かならず」とあり、平田訳は「徳山の出て行った光景、まことに禅らしく愛すべきであるけれども、公案はまだ完全に解けていない」としている。

『碧巌録』を踏まえて引用し、『維摩経』の「不二の法門」に対する敬意を素直に告げた修道の偈である。

一休における維摩（4）

またほかに、「逆《ぎゃく》」と題して、

龐老《ほうろう》　維摩　傅大士《ふだいし》
出生《しゅつしょう》　随意竟《つい》に蹤《あと》無し
客船に月落つ楓橋《ふうきょう》の泊《はく》
半夜猶《な》お聞く夜半の鐘

龐老維摩傅大士
出生随意竟無蹤
客船月落楓橋泊
半夜猶聞夜半鐘

という詩（六六六）がある。

龐居士《ほうこじ》、維摩、傅大士などの在俗居士は随意にするりと生まれきて、最後は何の跡形も留めない。客船は月が沈むと楓橋に泊まり、夜半には寒山寺の鐘の音を聞く。題の「逆」は戒律を順守する順行《じゅんぎょう》に対する逆行《ぎゃくぎょう》のことで、衆生《しゅじょう》を救うために、あえて戒を破って俗世間に交わることをいう。

「客船月落楓船」は、よく知られる唐の張継《ちょうけい》の詩「楓橋夜泊《ふうきょうやはく》」の「姑蘇城外寒山寺、夜半鐘声到客船（姑蘇城外の寒山寺、夜半の鐘声客船に到る）」によるもので、「瀟湘《しょうしょう》八景」に因む一休の詩（八七九）にも「識《し》らず鐘声何処の山ぞ、寺は隣す万里白雲の間、夢冷やかなり姑蘇《こそ》城外の客、楓橋月落つ星を宿す湾」とある。居士たちの出所進退のあり様を、無心の鐘声になぞらえてとらえた。

龐蘊《ほううん》居士は中国八世紀後半から九世紀初頭にかけての中唐の禅者で、その伝記は詳らかではないが、石頭希遷《せきとうきせん》（七〇〇―七九〇）と馬祖道一《ばそどういつ》（七〇九?―七八八）に師事したが俗人としての生きかたを選び、求道者として自由な自然人でありつづけたとされる。また巨万の資産家であって、その全財産を舟に積んで、これを河（または海）に沈めたという。

龐居士をめぐる伝説では、龐居士を維摩居士と対比して「中国の維摩」とよび、宋・元・明の三代を通じて伝承された。『龐居士語録』がある。一休には「龐居士」と題する詩（六二五）や「龐居士、竹漉籬を製する図」と題する詩（一五八）、「貴人の財」と題する詩（三二六）があり、居士の娘の霊照《りんしょう》［昭とも］を詠んだ「霊昭女を賛す」と題する詩（二〇九）がある。

傅《ふ》（善恵《ぜんね》）大士は、『景徳伝灯録《けいとくでんとうろく》』に、禅門の達者で出世はしなかったが有名な人として十人のうちに数えられている。自分の妻子を売って法会を営んだ奇行の主であり、「東土の維摩」と称された。

『碧巌録』第六十七則「傅大士講経」に、仏教に帰依して経典を講じるほどの知識人であった梁《りょう》の武帝《ぶてい》が、傅大士を招いて金剛《こんごう》経《きょう》の講義を聴くことになった。ところが講座に上がった傅大士は、机を一度叩いただけですぐに下座してしまった。武帝は愕然として驚いたが、その時、この講義を勧めた宝誌《ほうし》禅師が「陛下、おわかりになりましたか」と声をかけ、武帝は「わからぬ」と答えると、宝誌は「大士は金剛経を講じ終わられました」といい、帝はますます戸惑うことになったという。この話題は登場人物に年代のズレがあり、虚構に基づくものであったらしい。

また『臨済録《りんざいろく》』上堂《じょうどう》法語（壇上に上がって大衆にした説法）に、「一人は孤峯頂上に在って、出身の路無く、一人は十字街頭《じゅうじがいとう》に在って、また向背《こうはい》無し、那箇《なこ》か前に在り、那箇か後に在る、維摩詰と作《な》さざれ、傅大士と作さざれ」とある。

修行の頂点に達した人と、日常現実の真っ只中にあって無碍《むげ》自在に生きる人をふたり並べて、どちらが優れどちらが劣るかと問うのであれば、いずれも優劣がないとも、もしくはふたりとも未熟だともいうべきであるという。ここでも維摩と傅大士は在俗居士として、修行を尽くして修行を忘れ、世俗の差別世界にあって差別にとらわれない、極限の人として象徴されている。

一休の詩は、龐居士・維摩・傅大士の三人を並べて「逆行」の人ととらえ、満腔の敬意を払ったのである。

これらは、応永十二年の聴聞をおそらくは最初の出会いとして、その後の一休の『維摩経』もしくは維摩との対決を語る痕跡であった。

一休は、日ごろから『維摩経』の、一黙《いちもく》の雷《らい》とよぶ入不二法門の課題に工夫をこらしていたのであり、ここでは、一休は詩人というよりは修道の人としての顔をあらわしている。『狂雲集』は、数多い破戒《はかい》の詩とともに、真っ向から修道を問う詩偈《しげ》を多くふくみ、一筋縄ではゆかないのである。

一休の弟子たち

さらに、森女図の背景にあったものをたどり、図の意味するところをたしかめたい。祖心紹越《そしんじようえつ》と同じように膝下《しつか》にあった弟子の様子をみる。

睦室紹睦

幼少のころから一休門下にあった睦室紹睦《ぼくしつしようぼく》という人がいる。紹睦は「紹卜」とも記された。和泉堺の海会寺《かいえじ》住持であった季弘大叔《きこうだいしゆく》の日記『蔗軒日録《しやけんにちろく》』文明《ぶんめい》十八年（一四八六）六月三日条に「本（禅本）居士卜知客《ぼくしか》と同じく至る、灸点《きゆうてん》、足ノナカヲリ、カス三十壮并三足、備中《びつちゆう》の人、医学有り」とあり、同九月五日条に「今朝本居士の所投ぜし身心散《しんしんさん》一服を服す、頗る《すこぶ》識力の強盛《きようせい》を覚ゆ、この薬一休禾上《かじよう》の弟子卜知客調合す、本居士も微力、これを以《もつ》て乞い居士に与う、妙効道《い》うべからず、予に投ずるに二三服を以てす、実に故人の志なり」とある。

季弘のもとに、かねて知人である禅本居士《ぜんぽん》が卜知客（客を接待する役僧）と連れだって来て、灸を据えた。別の日に、禅本居士が卜知客から投薬された身心散を数服もらい、これを服して効めに驚いたというのである。「一休和上（和尚）の弟子」とあり、一休の没後に、医術の特技によって名を周辺に知られた。

この紹睦について、その若いころに一休が作ったと思われる道号偈《どうごうげ》が『狂雲集《きょううんしゅう》』にある。「睦室」（七二七）と題して、

難吟尊宿一風流
孝属北堂情未休
掩門古寺無門客
草履蒲鞋売却秋

吟《ぎん》じがたきは尊宿《そんしゅく》の一風流
孝《こう》は北堂《ほくどう》に属し情未《いま》だ休《や》まず
門《もん》を掩《おお》いし古寺に門客無く
草履蒲鞋《そうりほあい》売却する秋《あき》

とある。たやすく吟じるのがはばかれるのは陳尊宿《ちんそんしゅく》の風流で、孝行を母堂《ほどう》にささげて、その情は今に至っている。門を掩った古寺に客はなく、草履やわらじを作って道行く人に売る秋よ、という。

睦室の名は、唐代の人、黄檗希運《おうばくきうん》の嗣である睦州道明《ぼくしゅうどうみょう》にちなんで選ばれたらしい。睦

州は中国江南の人で、俗姓陳氏《ちん》。睦州は道号、法諱は道明。はじめ睦州（浙江省《せっこうしょう》）竜興《りゅうこう》寺《じ》に住して多くの弟子があり、陳尊宿とよばれたが、のちに身をかくして小房にとじこもり蒲鞋を作って母を養ない、陳蒲鞋《ちんほあい》とよばれた。

禅僧の伝記『五灯会元《ごとうえげん》』睦州《ぼくしゅう》陳尊宿《ちんそんしゅく》 諱《いみな》道明《どうみょう》の条に、「房に居りて蒲鞋を織り以て母を養う、ゆえに陳蒲鞋の号あり（居房織蒲鞋以養母、故有陳蒲鞋之号）」「つねに衲僧の来るを見れば即ち門を閉ざす（尋常見衲僧来即閉門）」云々とある。「寿九十八、臘《ろう》（受戒してから後の年数）七十六」の長命で、『碧巌録《へきがんろく》』第十則に「睦州掠虚頭漢《りゃくきょとうかん》」の公案《こうあん》がある人である。

ある時僧が訪ねて来たので、どこから来たのかと聞いた。僧はすぐに大喝一声した。そこで睦州はそなたに一喝されたな、とだけいった。そこで僧は更に気合いをこめて、もう一度喝とやった。睦州はその調子で三度でも四度でもやりなさい。その後はどうなるのかな、そこが問題だと応じた。僧はことばにつまってしまった。すかさず睦州は僧を打って、この騙《かた》り者め、といった、という。

上の「睦室」偈は、あきらかにこの睦州の伝を受けていて、そのような希有《けう》の人になってほしいという願いをこめた名づけの道号偈である。

『狂雲集』は、その風流の詩や風刺のきいた詩で名高いが、このように修道の姿勢を直に詠った偈も多い。一休が睦州の存在を意識していたことは、『狂雲集』の作品が語っている。

無題の詩（五）に、「工夫《くふう》の労棹奯公《ろうとうかっこう》の舟、尊宿鞋《あい》を織る蒲葉の秋、野老蔵《やろうぞう》しがたし簑《さ》笠《りゅう》の誉れ、誰か江海《ごうかい》の一風流（工夫労棹奯公舟、尊宿織鞋蒲葉秋、野老難蔵簑笠誉、誰人江海一風流）」とある。

岩頭和尚は苦労して渡し舟の船頭をしながら、仏法を修行工夫し、睦州和尚は秋には蒲葉でわらじを編んで修行した。このような在野の和尚たちが清貧に甘んじた名誉はかくれもない。都を離れて辺鄙の地に住む清々しい風流の主は誰なのか、という。

岩頭全奯《がんとうぜんかつ》は、唐代の禅人で、武宗《ぶそう》が会昌《かいしょう》三、四年（八四三―八四四）に仏寺を壊し、僧尼を排斥した会昌の法難《ほうなん》にあい、洞庭湖《どうていこ》で渡し舟の船頭をした人である。また睦州のことも合わせて詠みこんでいる。「簑笠」は蓑《みの》と笠。「江海」とともに粗衣粗食の清貧の暮らしを象徴している。

このあたりは、二十三歳の一休が、琵琶湖畔の堅田《かたた》で華叟宗曇《かそうそうどん》に仕えていたころ、暮らしが質素で一日の食事もままならない時に、香包や彩色した雛人形をもって京都に売りに行ったころのことを彷彿とさせる。自分の修道の原点として、簑笠江海の修道生活を詠じたものである。

図11　華叟宗曇（大徳寺所蔵）

また「陳蒲鞋《ちんほあい》」（一七）と題して、「諸人《しよにん》を売弄《まいろう》して諸方《しよほう》をあざむく、徳山《とくさん》・臨済没商量《りんざいもつしようりよう》、拈槌竪払《ねんついじゆほつ》わが事にあらず、ただ要《よう》す声名《せいめい》の北堂《ほくどう》に属することを（売弄諸人瞞諸方、徳山・臨済没商量、拈槌竪払非吾事、只要声名属北堂）」とある。

「没商量」は、分別をさしはさむ余地のないこと。「要す」は、したい、しようと思うこと。「北堂」は母。人に衒《てら》いあちこちを騙《だま》す、そういう徳山・臨済和尚には太刀打ちできない。槌《つち》で木台を打ち払子《ほっす》を立てるかたちだけの説法は、わが陳和尚のなすことではなく、只《た》だ名が母とともに残ればいいのだ、という。かたちにとらわれない修道と、母に対する孝養を尽くした睦州への賛歌である。

また「陳蒲鞋　八首」と題して、「老禅はもと鉄眼銅睛《てつがんどうぜい》、これ北堂慈愛の情ならず、天下の衲僧《のうそう》の脚跟下《きやっこんか》、宗門の潤色緑蒲《じゆんしよくりよくほ》青し（老禅本鉄眼銅睛、不是北堂慈愛情、天下衲僧脚跟下、宗門潤色緑蒲青）」（四二九）とあり、以下に八首（四二九―四三六）の睦州賛歌が並んでいる。

睦州和尚は銅鉄の眼をもつ意志堅固《けんご》の人で、母の慈愛におぼれるものではない。これに気づかない天下の諸僧の足元には、これをたやすく受け入れてわかったと思う宗門の蒲葉が青々としている、という。睦州の伝説的な評判をたやすくそのまま受け取って、修道がそのようなものだと合点して安心するやり方に反発し、安易な修道を指弾する一休の覚悟を示したものである。

これほどに大事な睦州に因《ちな》む名をとったのは、睦室に対する一休の愛情であり、「北堂（母）の慈愛の情ではない」という文字は、睦州の真価を知らず形骸化するのとは反対の「慈愛情」をもって接するところへと反転する。

親子の愛

その睦室のために書いた「純老睦室と親子を約す（純老睦室親子約）」と題する（狂雲集拾遺七三、『一休和尚全集』第三巻）注目すべき詩がある。

夢裡《むり》の平生《へいぜい》、男色《なんしょく》の愁《うれ》い　　夢裡平生男色愁
烏頭《うとう》、瀟洒《しょうしゃ》なれど風流を没《もっ》す　　烏頭瀟洒没風流
あにこれ真箇《しんこ》の親子なるを疑わんや　　豈是疑真箇親子

愛河深処水悠々

愛河《あいが》深きところ、水悠々《ゆうゆう》

夢の中で平生男色に悲しみ、剃髪《ていはつ》前の少年のこざっぱりした様子に興ざめすることがある。しかしこれこそが本当の親子なのであり、情愛の河の深いところは水の動きが見えないようなものだ。

禅林の日常に喧《やかま》しい少年愛ではなく、河の流れがその深いところを悠々と行くようにゆったりとした、本当の親子関係のように深い愛を育むことをよびかけた。一休がひとり思ったことではなく、睦室の納得があってのことで、形式的な印可を求めるのではなく、師弟が親と子のような慈愛のうちにおいて修道する、独創的な間柄の形成を目指したのである。

注意すべきは、ここでよびかけている親子の関係は、実際の師弟関係の上に重ねられた仮想の関係だということである。

また『狂雲集』には、別に「前年、かたじけなくも大灯国師《だいとうこくし》の頂相《ちんぞう》を賜《たま》い、予《よ》、今衣を更《か》えて浄土宗に入る、ゆえにここに栖雲《せいうん》老和尚に還《かえ》し奉る（前年辱賜大灯国師頂相、予今更衣入浄土宗、故茲奉還栖雲老和尚）」と題して（一一一七）、

禅門の最上乗《さいじょうじょう》を離却《りきゃく》して　　離却禅門最上乗
衣《ころも》を更《か》う浄土一宗の僧　　更衣浄土一宗僧
みだりに如意《にょい》霊山《りょうぜん》の衆《しゅ》となって　　妄成如意霊山衆
嘆息《たんそく》す多年大灯《たねんだいとう》を晦《くら》ませしことを　　嘆息多年晦大灯

という偈がある。

最上の宗旨である禅門を離れて、法衣をかえて浄土宗の徒となった。みだりに言外宗忠《ごんがいそうちゅう》の如意庵や徹翁義亨《てっとうぎこう》の徳禅寺《とくぜんじ》の住持になったりして、長いあいだ開山の大灯国師宗峯妙超《しゅうほうみょうちょう》をだましてきた。すまないことをしたと嘆息するのみである。この機会に開山からいただいた頂相を言外和尚にお返しする、というのである。

この改宗の件は、『自戒集』の冒頭に、「寛正《かんしょう》二年（一四六一）六月十六日、大灯国師ノ頂相ヲ本寺へカエシテ念仏宗トナル」とあるのに対応している。この一文の末尾には「寛正二年六月十六日　前徳禅塔主虚堂七世孫むかしは純一休いまは禅僧法華宗たちの念仏宗純阿弥（花押）〔印〕」という署名がある。一休が念仏宗に改宗したという告白は不意のものであり、これを事実であると裏付ける傍証はない。おそらくはこれも仮りに浄土宗の徒となったかたちをとるというのである。この浄土宗への更衣が寛正二年のことであるならば、後に述べるように、紹越の「玉垣居士」改名の一件は文明三年（一四七一）のことであり、それより以前のことになる。一休は早くから「作略《さりやく》」の手法を用いていたのである。

紹固喝食

睦室のほかに紹固《じようこ》という喝食《かつしき》がいた。『狂雲集』に、「紹固喝食」と題する詩（四七二）があり、

四歳女児歌舞前
約深難警旧因縁
棄恩入無為手段
座主作家誰是禅

四歳の女児歌舞《かぶ》の前
約深《やくふか》くしていましめがたし
恩《おん》を棄《す》てて無為《むい》の手段に入る
座主《ざす》、作家《さつけ》、誰かこれ禅

とある。

四歳の女の子の歌舞する姿をみていると、つくづくと約することの深さを思い、前世《ぜんせ》の因縁《いんねん》をいうことの難しさを知る。この子は肉身の恩を棄てて禅の無為の世界に入ろうとしているが、出来上がったように見える座主や作家とくらべてどっちが禅者であるかわからない。

幼女の歌舞する姿にそそぐまなざしは深い慈愛を示していて、ここの「約深」の「約」は常の法縁《ほうえん》にあたるとも読めないことはないが、幼児の年齢からみて、「親子約」に近い。

「紹固癖　二首」の第二首（狂雲集補遺五六）には「漫遊《まんゆう》の宴罷《や》み、また詩筵《しえん》、白髪癖多し、純老の禅、歌舞の袖ひるがえる、紅色のあや、肴を作り昼夜、花前に侍る」とある。遊びの宴が終って詩の宴が続き、白髪頭《しらがあたま》の儂《わし》の禅は癖の多いことだ。舞う姿の袖には紅色が色鮮やかにひるがえり、酒肴を用意して、昼となく夜となく着飾った様子をながめている、という。

「紹固喝食春遊」（同八二）には「大偶山上、草離々《りり》、土筆《つくし》をとり来たり、野詩《やし》を題す、詩興吟じ残す、春昼永し」とある。「草離々」は、草が茂ってつらなる様子。大偶山上には草が茂り、土筆を取っては拙ない詩を詠む。詩興は尽きることなく春の昼はながく、日暮れになっても帰る気がしない、という。

「紹固酔歌」（同六四）に「竜田《たつた》の織錦《しょくきん》、蜀江《しょくこう》流る、旅客は無心に、渡頭《ととう》に吟ず、乾坤《けんこん》万里、謳和《おうわ》の上、天然の童女の謳《うた》うを聴くを愛す」とある。「織錦」は紅葉。「渡頭」は渡し場。紅葉の名所で、空と川が紅く照り映える中で紹固の歌を聴く、という。ここにも慈愛の視線がある。

また「紹固喝食」（同八二）に、

眼前《がんぜん》の珠玉《しゅぎょく》群れを出《い》ずる姿
人はいう君王《くんおう》の小女児《しょうにょじ》と
恩愛の一子断《た》つことあたわず
扶桑国裏《ふそうこくり》に禅師なし

眼前珠玉出群姿
人道君王小女児
恩愛一子不能断
扶桑国裏没禅師

とあり、眼前の珠のような姿は抜群で、人はやんごとなき人の子であるという。愛しいこの子との法縁を断つことなどできないことだ、この国にはこの子にまさる禅師はいない、という。先の「紹固喝食」（四七二）にほとんど近い。『狂雲集』に見える紹固に対する一休の愛着は、ほとんど親が子に対するような愛情関係にあったと読めるものである。

この紹固に与えた「堅嶽《けんがく》」という道号偈《どうごうげ》（京都民藝館所蔵）一紙がある。縦長の用紙の上半分に「堅嶽」と縦に大書して、その下半分に、「行願固於劫石、気概健似鉄壁、看々、百億須弥是我腕頭骨骼、右、紹固喝食雅称堅岳、因一偈以為證云、文明三年仲夏日、天沢七世東海一休［印］（行頭《ぎょうがん》は劫石《こうしゃく》よりも固く、気概の健《たけ》きことは鉄壁に似る、看よ看よ、百億須弥《しゅみ》は是れ我が腕頭骨骼《わんとうこっかく》、右、紹固喝食の雅称《がしょう》堅岳、因《よ》りて一偈して証と為《な》すと云う、文明三年仲夏（五月）日、天沢《てんたく》七世東海一休［印］）」とある。

修行を成就しようとする願いは古い石よりも固く、気概の強さは鉄壁のようだ。見るがいい、目指す無数の世界の中心須弥山はわが腕の中にある、という。すでにふれたように署名の「天沢」は虚堂智愚《きどうちぐ》のことで、一休はしばしばその七世を名乗った。

「堅嶽」は道号（字）であり、通常の道号はある程度の修行を経てから与えられる。先の「四歳女児」云々の詩がこの道号偈のしばらく以前のものであるとして、偈は「鉄壁」の「壁」字が書き直されているなどの様子から一休の自筆であるのならば、道号は文明三年五月に与えられたものである。

紹越の「玉垣」号とほぼ同じ時期に、喝食幼児に対して、ほとんど別格のようにして、「堅嶽」の道号を与えられた紹固も、一休膝下の「親子約」世界の住人であったとみてよいのであったろう。

一休の方便と作略

このようにして、睦室紹睦《ぼくしつしょうぼく》の「親子約」の世界は「仮に、のように」の仮想の世界であり、祖心紹越《そしんじょうえつ》の「玉垣居士改名」も同じく仮想の世界であった。そういう世界を構想することが「作略」なのであった。

禅林制度と作略

しかし、当時の禅林社会で、このような私的な発想がたやすく認められたとは思われない。破戒を標榜することが破格であったのであれば、この仮想の世界を口にし、文字にして、禅林公界《くがい》の視線にさらすことも破格であった。この公界は禅林における世間《せけん》であり、私の世界に対置されて、構成する人びとの共通利害を優先させる空間であった。どれほどに破格であったかを了解するために、禅林がこうした私的行為を許す透き間のない社会であったことのあらましをみておく必要があるだろう。

日本における禅宗修道の世界はすでに細部にいたるまで制度化されていた。鎌倉時代に中国からやって来た渡来僧によって本格的に「禅宗」が入って来たときに、法論問答、座禅などの訓練とともに、禅宗としての日常規範が定着した。日常生活のすべてが修道であるという認識は禅宗に限らないのであったが、禅宗は役職と規範をとくに意識して、日常の作法、作務《さむ》に厳格であった。

やがて南北朝・室町時代に、渡来僧を師とする段階からそこで教育された日本僧が門人を指導する段階にすすんで、日常規範は日本禅宗としてなじみ、身体化したともいえる。また寺の生活は、中国風に寺全体を単位として僧堂を中心に集団生活する形態から、師僧とその身近の門人が居住する小規模の塔頭《たっちゅう》を単位としてなされる日本化された共同生活に変化していった。この変化は俗世間から隔離された禅林の公界に私的空間を育んでいくことになり、寺全体として行事、衆議が営まれる一体性の中で、部分としてのいくつもの親密な師弟関係が維持されることを意味した。

歴史の中で蓄積され習慣となった制度規範は、一寺あるいは本寺としての全体において維持されつづけられた。僧はそれぞれの役割に応じて私としての空間と公としての空間を往来し、その間の差異があるときは、適宜に対応した。

門派をこえて原則とされた制度の要点は次のようなものである。多くの場合、幼少のころから寺にあずけられた人は、喝食《かつしき》・沙弥《しゃみ》から一人前の僧として承認されるときに、師によって名づけがなされ、名づけは安名《あんみょう》とよばれて、やがて禅林社会に組み込まれた。寺は住持長老の下に東班《とうはん》・西班《せいはん》に大別されて職務分担がなされた。

東班には、寺務の全般を監督する都寺《つうす》、同じような職務をつかさどる監寺《かんす》、都寺・監寺をたすけて寺の日用の金銭、穀物などの収支をつかさどる副寺《ふうす》、寮舎の修理や寺物の管理、人夫、工事の監督をする直歳《しっすい》、僧の修行を勧め堂内の庶務を監督する維那《いのう》、僧の食事をつかさどる典座《てんぞ》などが所属した。これらは寺院の経営維持をつかさどるいわゆる裏方の事務雑務を務めた。

西班には、衆僧の首位にあって住持をたすけて修道を指導する首座《しゅそ》、書状や文書をつかさどる書記《しょき》、僧の用いる経を管理する蔵主《ぞうす》、来客の送迎接待をつかさどる知客《しか》、仏殿のことをつかさどる殿司《でんす》、浴室のことをつかさどる浴主《よくす》などが所属した。これらは修行の方面、表方の諸事をつかさどった。東西両班は制度としては形式的にはっきりと分離されたが、同じ寺の僧として日常において顔をつきあわせ、行事の運営などにおいて協力したのであったから、互いの交流は自然のことであった。

そういう中で、たとえば寺が主催する詩会は西班である「社中衆《しゃちゅうしゅう》」が詩会を独占したのを、長享三年（一四八九）七月の相国寺維那衆の訴訟事件のように、東班の「維那衆《いのうしゅう》」

にも参加させるようにと訴えて、一寺の訴訟事件に発展することもあった。古典詩文の研鑽は、寺の公式の行事の基本となる種々の文書（疏《そ》）を作成するため、禅林において奨励されて、僧たちはその成果を競い合い、流行のひろがりをみせた。詩文の才能は制度が保証するのではなかったから、西班の人よりも東班の人がすぐれた才能を示すこともあった。時代の流行もあったが、制度は原則であり、原則はつねに多少のゆらぎを抱えていたのである。

日常の生活は、ときどきの臨時の場面をはさみながら年中行事となり、一日の生活も一年の生活も、いつ何をするかが規則で定まっていた。説法も坐禅も規則があり、食事、掃除、草取り、入浴の仕方にも作法があった。臨時・恒例の時に住持が壇上にあがってする説法や檀那・先輩僧の法事儀式にも細かに役割が分担された。行事をこなすために作成される文書にも用件に応じた書式があった。歴史の中で蓄積された慣習であり、それぞれに修道上の意義が確認されて明文化された。すべてが互いに関連して、日々の生活における細部にいたるまで流れるように実践されなければならない。寺務を能率的にこなすために、これらの職掌があり、すべてが制度であった。

移りゆく年月の間に、多くの人は次第に僧階《そうかい》があがった。室町幕府が管轄する官寺《かんじ》の場合は、相国寺鹿苑院《ろくおんいん》の僧録司《そうろくす》とその下で実務にあたった蔭凉職《いんりょうしき》が采配し、幕府将軍家との連絡をとった。大衆の前で住持の代わりに説法する秉払《ひんぽつ》を経験した首座は人事《じんじ》にかけられて、諸山《しよざん》位の住持となる時に、自分が法を嗣ぐ師の名前を宣言した。これによって法脈は続くことになり、禅林の体制が維持されるのである。

その後、僧は十刹《じっさつ》・五山《ござん》の順に格の高い寺の住持に任命された。住持は西堂《せいどう》とよばれ、引退すれば東堂《とうどう》とよばれて寺院の一隅に居住した。

こうした公務の間をぬって、語録を学び、修道の経である内典《ないてん》、それ以外の一般の詩文集など外典《げてん》を自習したり講義に出たりし、詩会、酒宴において交流する時間がもたれた。関係する長老や当事者との談合がなされる住持決定の人事は、禅林の重要な用務であった。禅林社会は、主に法脈を同じくする結社《けつしゃ》を中心に、時には法脈をこえて、時には俗世間の人びともふくめて交流がなされ、時代が移った。上の制度、しきたり、事情は、中央・地方といわず、寺の大小といわず、精粗の差はあってもおおよそは同じで、これらのすべてが禅林の生活であった。

その生活は、幕府による直接の統括を受けない林下《りんか》とよばれた諸寺院も同じであり、室町中期以後の大徳寺はその林下に属していた。官寺ではなかったがその規模は大きく、和泉堺の商人などの新興勢力に布教の線をのばして寺勢を強めた。一休が対立したといわれる兄弟子養叟宗頤《ようそうそうい》とその門派は大徳寺の正統派にあり、その布教ぶりには信者の階層に合わせた工夫があった。一休はその手法が修道の乱れになることを糾弾したのであった。

法脈の継続には、門人の修行が完成したことを認める印可《いんか》を認め、そのことを証明する書証が必要とされたが、一休はこれを拒絶し、絶法を宣言した。同じ林下である妙心寺の先輩高僧にも絶法を伝えられる人びとがいて、一休ひとりが孤立していたのではなかったが、大徳寺同世代としては禅林制度を無視した破格の独断というべきものであった。

一休生前の門人たちの集団は、その通常の門弟がどれほどいて、どのような規範的な修道生活を送っていたのかについて、じつは詳しいことは明らかではない。一休没後の祖心紹越の記録や関連文書などによって推察するのであり、紹越の記録についてはさきに述べた。

一休の門派は規模の小さな集団であったが、小さいなりに禅林の慣例にしたがう事情は大よそ同じであったはずである。集団の維持、修道の実質を確保するための制度であり慣習であって、入るにしても出るにしても、それを無視するのは尋常ではない。ひとたび禅宗寺院の構成員となった人は、途中で所属する法脈をかえたり指導をうける師を変えたりすることはあっても、たとえば還俗《げんぞく》して俗人に戻り寺を離れた人がたやすくふたたび禅宗の人となることは、ほとんどなかった。

その中にあって、一休は睦室紹睦との「親子の約」を公言したのである。

禅林では俗世間の肉親との関係を断って、師を法の上の親とみて、法を継げば血縁の系図に擬して法系図が作られ、兄弟子は兄弟《ひんでい》とよんで、法兄《ほうひん》・法弟《ほうてい》とよぶのである。その上を通り越すようにして、今更に「親子」を唱えるのは破格である。

祖心紹越の「玉垣居士」改名も、一休の門に属しながら在俗の「居士」を名乗ったもので、当時の慣例からみて破格の身の処し方であったことになる。おそらくは一休の指示によったのであると思われる。一休はみずからもあえて浄土宗への改宗を世間に告げた。そのことは先に述べた。これも破格である。

一休の方便

これらの破格は、当時の禅林社会の慣例にしたがった処理ではなく、一休が意図して打ち出した不意のはかりごとであった。現実とは異質のもうひとつ別の思考レベルにおいて考え出された「仮に、のようにする」の「仮想」の世界のことであったと考えざるをえない。そこにこの話題の注目すべき要点がある。

さきにみた紹越侍者の「玉垣居士」改名を祝って作った文明三年の偈には、「衲僧《のうそう》の作《さ》略《りゃく》人の識《し》るなし」と言い切っていた。「作略」とは、禅林日常の制度からふみだして、この仮想の世界を、突然に作り出して世間をおどろかす意図を指していたことになる。

上のいくつかの偈はほとんど唐突に『狂雲集』に出てくる。『維摩経』の維摩も神通力を発揮して不意に新しい状況を展開したが、そこには「経」としての流れの必然性があった。『狂雲集』の偈は別々に配列されて時間の序列、なされたことの展開の仕方はすぐにはわからないが、それらの作品群には一休というひとつの人格と求道の意志がつらぬかれていたはずのものである。

その意志を支えたのが、不意に「仮想の世界」を演出する手法「方便」であり、維摩の常套手法にならったものである。一休は維摩を信仰していた。『維摩経』に習熟してその手法を身につけて、教えを実践することに工夫をこらしたのであったと思う。

「維摩居士図」の存耕祖黙は「真俗不二」の文字を使った。そのことは「不二の法門」を話題にする人びとがあったことを語っている。維摩に自分の父を重ねて図像を描かせる僧がいて、長文の画賛を作る詩文にすぐれた僧がいて、在家居士の信仰を支持する武家社会があったという意味で、一休は孤立していなかった。『維摩経』の教説は禅林において「禅」としてとらえられて、すでに公案の世界に入っていたことも、『碧巌録』の場合について述べた。

岐陽方秀の維摩

五山禅僧の詩文集を電覧してみて、維摩を表に出した作品は意外に少ない。

さきに虎関師錬のところでふれた岐陽方秀《きようほうしゆう》は「不二道人《ふにどうにん》」と名乗った人であるが、その作品集『不二遺稿《ふにいこう》』（『五山文学全集』第三巻）には、さすがに維摩にかかわる記事文言が散在してみえる。

巻上の「南岳寿知客《なんがくじゆしか》の三川《みかわ》に帰るを送る序」に「かの根本大智、不動妙体にかなって神通大光明蔵に入る、（略）これを菩提《ぼだい》道場といい、これを普光明殿という、これを正法眼《しょうぼうげん》蔵《ぞう》といい、これを不二境界という」とあり、「文殊賛」に「妙観已に成り、大智円明なり、不二の深旨は、浄名《じょうみょう》（維摩）に靠倒《こうとう》す（問答によって疑問ははれ、すぐれた知恵が成就した、不二の深い意味は維摩に依って明らかにされた）」とある。これらは『維摩経』についての知識による記述である。

「浄名居士（維摩）并びに叙」に、「浄名大士は毘耶《びや》離に居り、すなわち一黙をもって聖人不二の妙を顕《あら》わす、曼殊《まんしゅ》の智といえどもまた及び能《あた》わざるものなり、（略）賛に曰く、言は無言に後《おく》れ、知は無知に後れる、無言無知はすなわち玄すなわち妙、議するを得べからず、思うを得べからず、（略）もし不二の法門の旨を論じなば、居士を未だかつて夢に見ず、飢飡渇飲《きさんかついん》、分に随って過ぐ、これすなわち山僧（私）那の一機（維摩は毘耶離城にいて、一黙をもって不二の法門を明らかにし、曼殊菩薩の知恵をもってしても及ばなかった。（略）この図に賛していう、雄弁は無言にかなわず、知識は無知にかなわない、無言無知が仏法の真実であり、議論や思いなやむことは無用、（略）不二の法門を説くといっても、私は居士を夢に見たこともなく、食べたり飲んだりすることも分相応にやりすごしてきた、これが私の心のはたらきなのだ）」とある。ここには踏み込んだ内容があって、岐陽が『維摩経』に親しんだ様子をうかがわせる。

「鹿苑院殿天山大相国公（足利義満）肖像〈叙あり〉」に、義満の信仰を称えて、「宗教を無窮に護り、真俗を不二に融かす」という表現がみえる。俗人である義満とその信仰が融合していることを「真俗不二」の文言をもって称えた、挨拶ことばである。

恵一侍者の求めに応じた「自賛」に「一侍者像をえがいて賛を求む、幻に非ざる者に似たり、一曰く、幻と非幻は全く不二なりと、余ここにおいて賛に曰く、一は則不二、不二は則一、性相平等、影にあらず質にあらずと（恵一侍者が描いて賛を求めた私の肖像は似ていないものでもなかった。恵一は似ている似ていないは別のことではないという。そこで私は賛して、一は不二、不二は一、法の本体と現象は同じものであって、描いた形でもなくその内実でもない、と記した）」とある。ここには手なれた不二の問答がみられる。

応永十八年（一四一一）二月、岐陽が東福寺住持となった時の入寺法語中に「諸人と不二門を開けて去るなり」の文言がある。

ほかにも巻中・下に断片的な文言が数ヵ所みられる。今は省略するが、総じて岐陽が『維摩経』になじんでいたことを示すもので、応永ごろの東福寺における『維摩経』研究の中心となっていたことをうかがわせるものである。

室町中期以後の詩文僧の維摩

しかし室町中期以後を中心に、『五山文学全集』（上村観光編）に入らなかった多くの語録・詩文集を収録した『五山文学新集』（玉村竹二編）の諸作品には、岐陽ほどに『維摩経』に触れる様子がみられない。時代と諸師の所属した寺院の学風によるのであったかも知れない。

たとえば、文明《ぶんめい》五年（一四七三）五月に没した夢窓《むそう》派《は》の瑞渓周鳳《ずいけいしゅうほう》は、『臥雲日件録抜《がうんにっけんろくばつ》尤《ゆう》』という日記、『善隣国宝記《ぜんりんこくほうき》』という外交関係の公文書の作例集、中国典籍を広く読んで『刻楮《こくちょ》』という大部の抜粋メモをのこした人で、その博学で知られたが、詩集『臥雲《がうん》藁《こう》』には維摩の記事はみられない。わずかに右の『抜尤』の表紙書き入れに「維摩詰妻、名曰無垢、其妻九月生女、名為月上」とあり、宝徳《ほうとく》二年（一四五〇）五月十日条に、樗庵《ちょあん》性才《しょうさい》が若い頃に相模《さがみ》に遊学して、建長寺で蔵海性珍《ぞうかいしょうちん》が『碧巌録《へきがんろく》』と『維摩経』を講じたのを聴いたことがあると語ったのを書き留めている。樗庵も蔵海もともに大応《だいおう》派《は》の人で、応永年間に鎌倉で活躍した。これらの記事は、鎌倉においても『維摩経』が講じられたこと、瑞渓が『維摩経』に関心を示したことを告げているが、その詳細はわからない。

一山《いっさん》派《は》の詩文僧として名の知られた天隠竜沢は、明応《めいおう》九年（一五〇〇）九月に七十九歳で没し、『黙雲藁《もくうんこう》』その他の作品にみえる博学多識と多作で知られるが、その中に維摩関係の記事はない。

夢窓派の蘭坡景茝《らんぱけいし》は、文亀《ぶんき》元年（一五〇一）二月に八十三歳で没し、『三体詩』『論語』『大学』『般若心経』などを朝廷・公家・武家などに講じた経典・学芸詩文の人であったが、この人の詩文集『雪樵独唱集《せっしょうどくしょうしゅう》』には維摩関係の記事がみられない。

黄竜《おうりょう》派《は》の正宗竜統《しょうじゅうりゅうとう》は、明応七年（一四九八）正月に七十歳で没し、建仁寺友社《ゆうしゃ》の指導的立場にあった文章家である。天台教学を学び、一休にも参じた人であるが、その文集『禿尾長柄帚《とくびちょうへいしゅう》』や語録に維摩に関する記事はみられない。

夢窓派の彦竜周興《げんりゅうしゅうこう》は、延徳《えんとく》三年（一四九一）六月に三十四歳の若さで没した人で、当時の禅林で嘱望され、文章に珠玉の輝きがあると評され、その詩文集『半陶文集《はんとうぶんしゅう》』に多くの作品を収めるが維摩に関する記事はみられない。

一山派の南江宗沅《なんこうそうげん》は寛正《かんしょう》四年（一四六三）夏に七十七歳で没した人で、首座の位まで進むが官寺の住持となることはなくて、隠逸の志しが深く、各地を彷徨し、一休とはとくに親密な交友があった。和泉に滞在中は土地の居士の外護を受け、のちに還俗《げんぞく》したともいわれる。その人の詩文集『漁庵小藁《ぎょあんしょうこう》』『鷗巣詩集《おうそうししゅう》』に維摩関係の記事がみられない。

夢窓派の横川景三《おうせんけいさん》は、明応二年（一四九三）十一月に六十五歳で没し、応仁・文明年間から明応にかけて、晩年まで相国寺を中心とする禅林の学芸・詩文の指導者であった。その作品は『補庵集《ほあんしゅう》』以下『小補東遊集《しょうほとうゆうしゅう》』（前・後・続）『補庵京華集《ほあんけいかしゅう》』（前・後・続・別・新・外）その他、まことに多い。しかし維摩に関する記事はほとんどなく、わずかに『別集』の収める文明十五年ごろの作品に、黙斎居士に依頼された「維摩賛」と題する七言絶句がある。

幻住派《げんじゅうは》の月舟寿桂《げつしゅうじゅけい》は、天文《てんぶん》二年（一五三三）十二月に没し、享年は不詳だが、はじめ曹洞宗に学び、のちに明応ごろに臨済宗に転じて、建仁寺に入り、正宗竜統に学び、四六文の作法、中国古典に通じた人である。その作品は語録のほかに『幻雲文集《げんうんぶんしゅう》』『幻雲疏《げんうんしょ》藁《こう》』『幻雲詩稿』その他がある。維摩に関わる記事は、『幻雲文集』の「慈相寺殿故中書《じしょうじどのこちゅうしょ》元貞本公居士《げんていほんこうこじ》肖像」賛に「由来真俗不異」、「朝倉霜台天沢宗清居士《あさくらそうだいてんたくそうせいこじ》像」賛に「二諦既空真俗」、「前霜台天沢居士《ぜんそうだいてんたくこじ》像」賛に「憂民憂国、入俗入真」の文字があり、維摩の「不二法門」につらなる気配がみられるが、文飾にとどまっている。さきにみた存耕祖黙の「維摩居士図」賛とは比べることができない。月舟の作品は『続群書類従《ぞくぐんしょるいじゅう》』に収める。

これらの人びとは室町中後期の禅林で名の知られた錚々たる詩文僧であり、その作品集にほとんど維摩ないしは『維摩経』にかかわる記事がないことは、そのないことによって注意されるべきだろう。

筆者の検索は『五山文学新集』を主とする電覧であり、少なからぬ遺漏があるだろうことは容易に推測される。にもかかわらず、その水準においてもこの傾向があるのであって、網羅的に精査して禅林全体の維摩に対する関心を論じるのに至らないのであっても、『狂雲集』における維摩に対する関心の強さを語っていたとみてよいのではなかったか。

ほかに東福寺派の僧として、季弘大叔《きこうだいしゆく》の日記『蔗軒日録《しやけんにちろく》』文明十七年（一四八五）記事の観音頌《かんのんじゆ》に「金粟翁（維摩）」の名があり、同十八年の記事に、東福寺開山円爾《えんに》に「入不二観」の故事があるという短い伝聞記事と、『維摩経』を人に借りて読んだという短い記事がある。

万里集九の維摩

これとは別に、文明・明応期前後の人である万里集九《ばんりしゆうきゆう》の『梅花無尽蔵《ばいかむじんぞう》』に「維摩」の名が見えるのが目立っている。それらの記事は、ここでは逐一追うことはしないが、維摩が金粟如来の分身であること、「元祐維摩」が宋の司馬光をさすこと、李白が自らを金粟如来（維摩の前身）の後身といったこと、李白の詩は維摩の説法にあたること、「維摩居士像」賛、維摩の一黙を梅花に見立てること、「維摩の一黙雷の如し」などの文字はあるけれども、ほぼ文飾として用いられたもので、「不二法門」「方便」の内実に踏みこむところはない。

万里は相国寺の一隅に拠点を保った一山派の人で、詩文僧として活躍したが、応仁の乱をきっかけに禅林を抜けて還俗した。その後美濃に退居して妻子を養い、守護土岐氏や守護代斎藤氏の援護をうけ、詩文の作成や古典の講読で生計をたてた。江戸の太田道灌《おおたどうかん》に招かれて関東へ、さらに北陸を通って美濃に戻る長旅をして、その間の様子を作品にし、記録したことでも知られる。『梅花無尽蔵』は大部の作品集であるが、そこにみられる維摩関係の記事は、還俗した人として、在俗居士の維摩と『維摩経』に関心を持ったことを告げるのにとどまっている。

一休の独創

このように当時の人びとには、岐陽の場合を除けば、『維摩経』の内容に立入って論じる様子がみられないという印象は拭いがたい。そのことは、一休の同時代では、公案としての話題にはなっても、維摩の手法を実践する試みをした人は少なかったこと、底流としてあったかもしれないが、表面化するほどには試みられなかったことを示しているだろう。

この実際にてらせば、一休は真っ向うから維摩に相対《あいたい》したのであり、その「方便」と「不二法門」の実践は、他に例のない独創的な発想であった。

俗世間から隔離されて、禅林の制度、慣例を順守することはすでに困難な修道であった。そこから禅林修道の緩みがみられた。一休はその禅林の実態に異議をとなえ、共鳴するわずかな同胞とともに禅林の体制からはずれる修道を選んだ。おのずと孤立したのであり、その孤立を支えたのが維摩であったのである。

不意に出された「親子約」と「玉垣居士」の改名は、維摩の「方便」のひとつの実践である。先に述べた「一休宗純と森女図」における一休と森女の配置は「不二」の世界の実践であり、その実践について沈黙しているのは、維摩の一黙である。過激な艶詩を『狂雲集』に並べて、それが実際のことであるとも仮想のことであるとも語ることをしなかったのは、もうひとつの維摩の沈黙であり、「二」の立場に対する「不二」の実践である。

森女図のもうひとつの意味

一休と紹睦の「親子約」、紹越の「玉垣改名」をふくむ仮想の世界を目に見えるように視覚化したのが、「一休宗純と森女図」であった。この仮想の世界に取り込んだ対象は、睦室、紹越にかぎらず、門弟すべてをふくんでいたことが考えられる。

図は描かれたのが一休生前でなくても、没後に門弟たちが師の指導にしたがって、そのような結束を強めるために描いたのであったかも知れない。

一休がはじめて森女と出会ってその歌に心を動かされたのは、『狂雲集』の「文明二年仲冬十四日、遊薬師堂、聴盲女艶歌、因作偈記之（文明二年仲冬（十一月）十四日、薬師堂に遊び、盲女の艶歌を聴く、因《よ》って偈を作り記す）」（五四二）と題する詩によれば、文明二年（一四七〇）十一月十四日、住吉薬師堂《すみよしやくしどう》においてのことである。

その第二首の跋《ばつ》によれば、「右、余薪園小舎有年、森侍者聞余風彩、已有嚮慕之志、予

図12　住吉大社

亦知焉、然因循至今、辛卯之春、邂逅于墨吉、問以素志、則諾而応、因作小詩述之（儂《わし》は薪《たきぎ》村に居して数年を経ていたが、森女は儂の様子を聞いていてすでに慕う気持ちがあり、儂もそれを知っていた。しかしぐずぐずして今に至った。文明三年の春、住吉で思いがけなく出会って、そのかねての想いをたずねて、その気持ちに応えることにした。それで詩を作り述べる）」（五四二）とある。再会して想いを確かめあったのは、文明二年冬から翌年春のことで、紹越に「玉垣」の名を与えたのは「文明三年厳寒日」のことで、そのすぐ後にあたる。

不意のことであったかのように見える紹越の「玉垣居士」の命名であったが、このように森女との再会と照らし合わせてみると、一連のことであることがわかる。自分と森女を中心とする「親子約」の契りを思い立つのに、時間は充分にあった、ともいえる。こうして工夫をこらして一気に、人びとの、あるいは門弟たちにとってすら、意表を衝いたであろう「作略」の網を投げたのである。

「玉垣」の名を選んだのは、森女と出会った住吉社とかかわりがあるだろう。

住吉社は宗派をこえて知られ、ほとんど別世界として信仰と芸能の空間を形成し、社は海浜にまで及ぶ広大な境内があり、周辺には雑居する多くの人びとがいた。そこはすでに古くからあった聖域であり、地域の生活と信仰の中心であった。

この住吉信仰の中で住吉社の社務津守国夏《つもりくにか》の俗弟である卓然宗立《たくねんそうりゅう》は、住吉第二の神宮《じんぐう》寺《じ》を禅宗に改めて慈恩寺《じおんじ》とし、のちに大徳寺《だいとくじ》七世となった。のちに一休は文明八年に住吉の空き地に床菜庵《しょうさいあん》を建て、翌年にはその南に四阿《あずまや》を作った。津守国昭は文明六年に住吉を訪れた一休にしたがって弟子となり、その没後の延徳元年（一四八九）十一月には家族とともに薪の酬恩庵に参詣《さんけい》した。

一休は、大徳寺と深いかかわりのあるその信仰空間の余韻を「親子約」の空間に導入して、仮想の世界の聖なる淵源としたのである。

婆子焼庵

禅者の傍らに女性を配置する構図は、語録世界に古く見られる。

たとえば『五灯会元《ごとうえげん》』巻第六の末尾「未詳法嗣」の条に、「昔有婆子供養一庵主、経二十年、常令一二八女子、送飯給侍、一日令女子抱定曰、正恁麼時如何、主曰、枯木倚寒岩、三冬、無暖気、女子挙似婆、婆曰、我二十年祇供養得箇俗漢、遂遣出、焼却庵（むかし婆子がいて一庵主を供養《くよう》していた。二十年が経ち、常に十六歳ほどの娘に飯をはこび給仕させていた。ある日、その娘に僧を抱かせ、さあどうでしたかとたずねさせたところ、僧は枯木が岩に寄りかかったようなもので寒い冬に何の暖かみもなかった、と答えた。この逐一《ちくいち》を聞いた婆子は、わたしはこんなろくでなしを二十年も供養してきたのか、といって、ついに追い出し、庵も焼いてしまった）」とある。

「婆子焼庵《ばししょうあん》」とよばれる公案《こうあん》で、『狂雲集』に、この逸話をほぼそのまま長い序とした詩（九四）がある。

老婆心為賊過梯
清浄沙門与女妻
今夜美人若約我
枯楊春老更生稊

老婆《ろうば》心賊《しんぞく》のためにかけはしをわたし
清浄《しょうじょう》の沙門《しゃもん》に女妻《にょさい》を与《あた》う
今夜美人もし我れを約せば
枯楊春老《こようはるお》いてさらにひこばえを生ぜん

老婆の親切心は賊のために手引きをしてやったようなものだ、清浄面《づら》をした坊さんに娘を与えたのだから。今夜美人が儂を抱くと約束するならば、枯れた柳は晩春に新しい芽を吹くことだろう、という。もとの話は僧が自分の欲求にとらわれて、それを抑制することだけに目がゆくのはどうか、ということだが、ここではそれを逆転しながら、婆子につくでもなく、僧につくでもないところをねらっている。

また戒を主題とする一連の作に「不邪淫戒　三首」があり、その第二首（三三七）に、

逆行《ぎやくぎよう》の慈明《じみよう》婆子《ばす》が身　　逆行慈明婆子身
紅糸脚下《きやくか》に婚姻《こんいん》を結ぶ　　紅糸脚下絆婚姻
一曲楼頭緑珠《ろうとうりよくしゆ》の笛　　一曲楼頭緑珠笛
憐《あわ》れむべし昔日《せきじつ》の趙王倫《ちようおうりん》　　可憐昔日趙王倫

とある。

戒にそむいて慈明和尚は婆さんと同棲していた。しかしこれをすぐに破戒と思うのはまちがいで、男女の仲、とくに禅僧の場合には深いわけがある。唐の時代、宰相《さいしよう》が五人の娘からひとりを選んで郭元振《かくげんしん》を婿にするのに、五本の糸を引かせ、紅糸にあたった第三女と結婚させたという。笛の上手い妓女《ぎじよ》緑珠《りよくしゆ》は、家臣の偽りのことばに乗せられた趙王倫《ちようおうりん》の誤解から、楼の下に身を投げて果てた。そのようなところがわからねばならないのだ、という。

緑珠のことは、『蒙求《もうぎゆう》』に「緑珠墜楼、文君当壚（緑珠楼より墜《お》ち、文君壚《ろ》に当たる）」として出ている。『蒙求』は、唐の人李瀚《りかん》が子どもに故事を教えるために、さまざまな典拠

から選んでその要点を四字句の韻文に作り、五百九十六句の偶数句の末尾の字で韻をふみ、八句四韻で韻をかえている。奇数句と偶数句を一組とし、ふたつで何か共通する話を取り上げた。

短い四字句はそれだけでは、故事を知っている者でなければ内容が理解しにくい。李瀚はそのために自注を付けたとされるが、現在では完全なかたちでは残っていない。残っているのは、宋の徐子光《じょしこう》が付けた注である。

「緑珠堕楼」はその注によれば、『晋書《しんじょ》』を典拠としている。石崇《せきすう》にお抱えの妓女（歌や舞をする女、遊女）緑珠がいて、彼女は美人で笛を吹くのが上手かった。その頃、宮中の文書や詔勅《しょうちょく》（天子の命令）をつかさどる官である中書令《ちゅうしょれい》に孫秀《そんしゅう》がいて、西晋《せいしん》王朝の権力者だった趙王倫にこびて権力をにぎり、自分にさからう多くの人を殺した。この孫秀が緑珠を見そめて、人を使わして彼女を求めた。ちょうどその時、石崇は別荘の高台にのぼり、女たちを侍《はべ》らしていた。使いの者が孫秀の気持ちを伝えると、石崇は下女や妾数十人を並べて、すきな女を選ぶようにといったが、使者は緑珠を連れてくるようにとのことですので、これでは誰が緑珠かわかりません、と答えた。それに対して石崇は怒って、緑珠は自分が可愛がっている女で、渡すわけにはいかないと拒否した。使者からこのことを聞いた孫秀は、趙王倫に石崇を殺すようにと勧め、偽の詔を出して、彼を逮捕した。石崇は緑珠に向かって、お前のために私は罪せられることになったと嘆き、緑珠は泣きながら、殿に死をささげますといって、みずから楼の下に身を投げて死んだ。捕らえられて処刑のなされる東の市に着いた石崇は、あそこに集まっている連中に私の持っている財産でもうけさせるのか、と嘆息した。役人に、財産が害を招くことを知っていたのならばなぜ早くに分け与えなかったのか、といわれて返すことばもなかった。こうして、石崇は処刑された。

「文君当壚」の方は、『蒙求』の注によれば『(前)漢書《かんじょ》』に出る故事である。司馬相如《しばしょうじょ》が、金持ちの娘で夫を亡くしたばかりの身で音楽ずきの卓文君《たくぶんくん》の家に行って、琴の音に思いを寄せた。やがてふたりは駆け落ちして、持ち物をすべて売り払って酒屋を買い、相如は文君には酒売り場で客の相手をさせ、自分はふんどし一つで傭人《やといにん》とともに雑役に従った。のちに文君の父親卓王孫《たくおうそん》ははじめの怒りをしずめて、多数の召し使いと大金を与え、相如と文君は都に戻り、田畑屋敷を買い、金持ちになった。このように『蒙求』のこの二句は、笛と琴の音楽、男女の結びつき、財産の話題が共通する話から成っている。

一休の詩はこの中から前半の妓女緑珠の話をとり、哀しい身の上と本当の事情を知らなかった趙王倫の名を出して、慈明婆子の逆行が誤解されやすいことにつなげたのである。

『蒙求』は、日本には平安時代に古注本が、鎌倉時代に補注本が伝わり、平安時代には「勧学院《かんがくいん》の雀は蒙求を囀《さえず》る」といわれ、藤原氏一族の学問所である勧学院では、年少の学生たちによって『千字文《せんじもん》』とともに、よく読まれ、よく暗誦されたという。鎌倉時代、源光行《みつゆき》は『蒙求』から半分ほどの話をひき、注の和訳と和歌一首ずつをつけて『蒙求和歌』を作った。南北朝・室町時代には『蒙求』の刊本や多くの写本が作られて、一休もこれになじんでいたものと思われる。ちなみに卓文君の話は『史記』司馬相如列伝にも詳しく出ている。

慈明老師と婆子

『狂雲集』には「慈明」の名がしきりに出てくる。

「慈明」は、中国宋代の僧石霜楚円《せきそうそえん》（九八六―一〇三九、九八七―一〇四〇の異説がある）のことで、『五灯会元』巻第十二に伝が見える。

中国では、臨済・潙仰《いぎょう》・曹洞・雲門・法眼《ほうげん》の五宗は禅宗の五家とよばれ、臨済義玄《りんざいぎげん》より六伝して石霜楚円に至り、その門下に黄竜《おうりよう》慧南《えなん》と楊岐方会《ようぎほうえ》が出て、黄竜派と楊岐派の二派に分かれる。五家に二派を加えて七宗とよぶ。その後時代を経て多くの派に分かれ、臨済宗楊岐派虎丘《くきゅう》派《は》破庵《ほあん》派《は》の無準師範《ぶしゅんしばん》の法系と曹洞宗の浄因《じょういん》派下の法系が元・明・清に及んで近代に至った。

慈明は、禅宗史における大立者《おおだてもの》である。ただ、詩に引かれる時には、『嘉泰普灯録《かたいふとうろく》』にいう「慈明の婆、寺に近く居す、人これを測るなし、慈明閑に乗じて必ず彼処《かしこ》に至る」云々とあって、慈明が寺の近くに婆子と住んでいて、楊岐方会が迎えにきて、ようやく上堂に出頭したという、破戒の人であるイメージがついてまわる。

『狂雲集』の「愛念盟」（二九八）と題する詩は、さきの「不邪淫戒　三首」の第二首とほぼ同じで、「婆子侍慈明老師、婚姻脚下結紅糸、驪山春色三生睡、千歳海棠花一枝（婆《ば》子《す》慈明老師に侍す、婚姻脚下に紅糸《こうし》を結ぶ、驪山《りさん》の春色三生《さんしょう》の睡《すい》、千歳海棠《せんざいかいどう》花一枝）」とある。「驪山」は、唐の玄宗《げんそう》の寵愛をうけた楊貴妃《ようきひ》が住んでいたところ。「三生」は、過去・現在・未来の三世に生まれかわること。玄宗は天宝十年（七五一）の七夕の夜、世々の末まで夫婦になろうと楊貴妃とひそかに誓ったという。「海棠」は、玄宗が宮中の沈香亭《ちんこうてい》に登って楊貴妃を召すと、妃は酒がのこっていて、従者の肩をかりて出てきた。それをみて「これはまことに海棠の花のようだ、まだ睡《ねむ》りが足りないのか」といったという故事をさしている。

かつて婆さんが慈明に仕えていた。婚姻というのは脚の下の紅い花で結ばれているのだ。帝と妃は三生を約して驪山宮に仲よく寝ているが、その海棠の花（楊貴妃）の誓いは千年も続くことだろう、という。「愛念の盟」という題は、心に深く愛し合う誓いで、慈明と婆子の愛は、そのように深いもので、たやすく破戒とよぶべき筋のものではないことをいっている。

『狂雲集』冒頭の「大灯国師三転語《だいとうこくしさんてんご》」五偈の中にも慈明の名が出る。

その第一偈（一）に、「這箇諸訛受用徒、古今衲子一人無、素老慈明的伝子、茘支核子嚼何麁（這箇《しやこ》の諸訛《ごうか》受用の徒、古今の衲子《のうす》一人もなし、素老《そろう》は慈明的伝《てきでん》の子、茘枝《れいし》の核子《がいし》嚼《か》むこと何ぞ麁《おろそ》かなる）」とある。

「三転語《さんてんご》」は、もとは迷いを転じて悟りに導く三つの語句で、一般には難問題をさしている。松源崇岳《しょうげんすうがく》（一一三二―一二〇二）の場合は、「すぐれた力のある人はどうして足を上げて起きてないのか」「しゃべることは舌でしゃべることではない」「明眼の衲僧はどうして脚跟下の紅糸線を断たないのか」が「松源三転語」とされる。

大灯国師の場合は、この「三転語」五偈の序に「国師の三転語の公案に、朝には面と向かいあい、夕べには肩を交えて、一日中いっしょにいる。ところでどうだ、私は誰といっしょにいるのか」とあり、この「どうだ（何似生《かじせい》）」ということばを使いこなす人は昔の人でも少なかった。ただ慈明和尚の門人であった清素《せいそ》首座はこれをうまく使ったが、この人も、兜率従悦《とそつじゅうえつ》が茘枝を食べているところを通りかかって、「これはあなたの郷里の果実です、一緒に食べませんか」といわれ、「私の師が亡くなってからは長く食べていません」と答え、「あなたの師とは誰ですか」と聞かれ、「慈明和尚です」と思わず答えてしまった。これは初めあって終わりのないようなものだ、というやや長い序がある。

第一偈はこれを受けている。「這箇」は、この、これの意。「諸訛」は、むつかしいところ。ここでは「何似生」がそれにあたる。このむつかしいところを使いこなした人は、古今の僧に一人もいない。清素老和尚はたしかに慈明の法を嗣いだ人だが、慈明の法の核心をよく嚙みくだいて消化していないではないか、というのである。ここに出る慈明は修道の先達、法の人としてかつぎ出されている。以下の四偈も関連しているが、ここでは省略する。

一休は楊岐派虎丘下松源派大応派の人として、虚堂智愚《きどうちぐ》を崇敬して「虚堂七世孫」を名のったが、慈明禅師はさらにその祖にあたる。一休が森女を遠く「慈明婆子」にあてようとしたかどうかは知れない。

『自戒集』

『年譜』康正《こうしょう》元年（一四五五）条に「師其の韻《いん》を次する者二百余首、編《あ》みて一巻と作《な》し、題して自戒《じかい》と曰う」とあり、その『自戒集《じかいしゅう》』では、「方便」が挑発のかたちをとって繰りかえされている。

『自戒集』の写本は、酬恩庵《しゅうおんあん》本のみが知られ、昭和二十年十二月、斎藤利助氏により二百部限定として覆製本が刊行された。鈴木大拙解説が付されている。百二十四首の七言絶句といくつかの短文が収められ、その成立の細部についてはまだ不詳のことが多い。平野宗浄訳注『一休和尚全集　第三巻　自戒集』（二〇〇三年、春秋社）によりながら、いくつかの例をあげる（数字はその番号）。

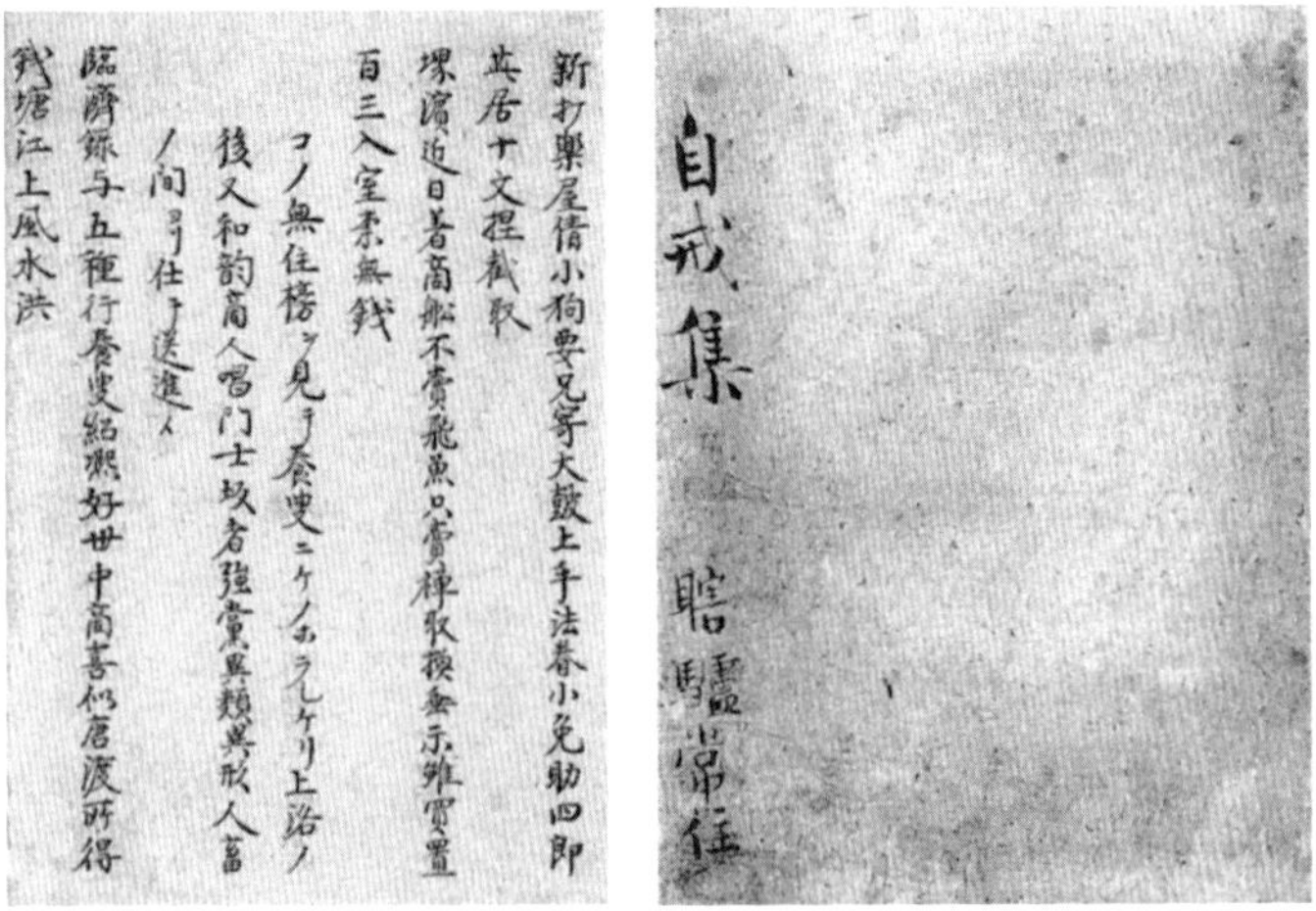
自戒集

瞎驢常住

新打樂屋借小狗要兄寄大鼓上手法春小免助四郎
并居十文捏截取
堺濱近日着商船不賣飛魚只賣禅取換垂示雖買置
百三入室柰無銭
コノ無住榜ヲ見テ養叟ニケノカラレケリ上洛ノ
後又和韵商人唱門士坂者強賞異類異形人畜
ノ間ヲ仕テ送進ス
臨済嫡子五種行養叟紹㯃好世中商喜似唐渡所得
銭塘江上風水洪

図13　『自戒集』（酬恩庵蔵本覆製）

（三）「堺浜近日着商船、不売飛魚只売禅、取換垂示雖買置、百三入室奈無銭（堺の浜に近日着きし商船《あきないぶね》、飛魚《ひぎょ》を売らず只《た》だ禅を売る、取換えの垂示《すいじ》買い置くといえども、百に三つの入室《にっしつ》は銭無ければ奈せん）」とある。下に続く仮名書き部分は略す。

堺の浜に近日商船が着き、飛魚を売らずに只だ禅を売る。とっかえひっかえの法話は買い置くけれど、百人に三人の入室も銭が無くてはどうしようもない、という。

「垂示」は、ここでは法話を説くこと。「入室」は、師が日を定めて門人を室に入れて親しく指導すること。作法通りに修行するのにも布施の金が必要であり、また金があればたやすく指導を受けることができる様子をいっている。当時、堺に教線をのばした兄弟子養叟宗頤の一派が安易に印可を与えて布施を得るのを指弾したものである。
（九）「道具小庵木綿袋、悉皆出自納豆中、羅衣紗衫金子薄、動如見牝馬裸洪（道具小庵《どうぐしょうあん》木綿《もめん》の袋、悉《ことごと》く皆な納豆の中より出づ、羅衣《らのころも》・紗衣《しゃのころも》、金子《きんす》の薄《うすもの》、動《いご》めくこと、牝《めうま》を見る馬裸《まら》の洪《おお》きなるが如し）とある。

茶碗・花器などの道具、新築の庵《いおり》、木綿の袋物など茶の湯にかかわるものはみな大徳寺納豆が作り出したようなもの。教える僧が羅《ら》の衣や紗《しゃ》の衣など高価な薄ものを身につけて、もそも動めく様子は、牝馬を見て摩羅《まら》の大きくなった牡馬《おすうま》のようだ、という。その後に〈紹［宗］煕・養叟両人ハ、建仁寺ニテハ狗《いぬ》ヤラウ人ヤラウ、ヘニモクソニモタラス、今得法タテヲシテ古則《こそく》ヲウリテ道具アタリヲカカヤカシテ、フクリソソメキナルツラヤウハ、我ラカマラノヲエテイコメクニ似リ〉と付け加えて、今をときめく養叟・春浦宗熙《しゅんぽそうき》の両人は建仁寺で修行したというが、そこでは犬なのか人なのかわからぬ有様で何の取柄《とりえ》もなかった。今は悟った人のような顔をして法を切り売りし、道具などを見せびらかして得意になっている。そんな様子は見るにたえないことよ、と徹底的に罵倒した。
（一八）「十年養叟縦驕窮、官馬繋廊如乱中、去程寺焼成荒野、大用庵許殿堂洪（十年養叟は驕《おご》りをきわめ、官馬を廊につなぐ様は乱中のよう。さるほどに寺は焼けて荒野となり、養叟の大用庵ばかりが殿堂のように広い）」

図14　真　珠　庵

大徳寺大用庵《だいゆうあん》は養叟の塔頭で、すでに永享《えいきょう》十一年（一四三九）には建立《こんりゅう》の準備がなされ、嘉吉《かきつ》二年（一四四二）には敷地が拡大され、応仁の乱で焼けた。一休の真珠庵《しんじゅあん》も永享年間に堺の商人尾和宗臨《おわそうりん》によって建立されたが、乱によって焼け、再興されようとした時に、一休の希望によって、言外《ごんがい》の如意庵や養叟の大用庵の再興を先にしたことが知られている。そのほかにも実際の一休が兄弟子養叟のために譲歩した様子がみえているので、『自戒集』に充ちている養叟批判は注意して読まなければならない。ここでも養叟を標的に押し出して、門中に広がろうとした修道の緩みを揶揄《やゆ》したものと読める。

（三一）「眼看語録守星狗、文字根推作無手、字立芳入改声名、宗犬書記好筆取（眼は語録を看るも星を守《も》る狗のよう、文字は根推無手《ねへしむて》を作《な》す、字立《じたて》の芳入《ほうにゅう》声名を改む、宗犬《そうけん》書記は筆取りを好む）」とある。

眼は語録を見ても星を見守る犬がわけわからぬように、文字は読めずに心得も無い。文筆僧気取りの宗芳入道は評判をとるというが、犬のように字も知らぬ書記どのは筆を取るのがお好き、とからかった。付け足して、〈芳入トハ、宗芳ト云入道僧也、文字タテヲシテ書記官ヲ望者也〉とあり、念を押している。

（九二）「一休会裏五種行〈一二八傾城乱、一二八若俗狂、一二八酒宴、一二八田楽節・猿楽節并尺八、一二八口宣舞、〉」と題して、「情在江湖蓑笠船、何須臨済正伝禅、八風五欲一身鬧、色欲美人財欲銭（情《こころ》は江湖《ごうこ》にあり蓑笠《さりゅう》の船、何ぞもちいん臨済正伝《しょうでん》の禅。八風《はっぷう》五欲一身にいそがわし、色《しき》欲の美人財欲の銭）」とある。

「一休会裏《えり》五種行《しゅぎょう》」は一休門下の家風を五つに要約したもの。傾城《けいせい》の乱は傾城狂い、遊女の色香におぼれ、遊びほうけること。若俗《にゃくぞく》の狂は男色の世界、少年との交情にふけること。酒宴《しゅえん》は文字通り、しきりに酒場に出入りする。田楽節《でんがくぶし》は能謡の小節を小歌風にして歌う流行歌。猿楽節《さるがくぶし》は謡曲、全曲と言わずサワリの部分を口ずさむ。

尺八《しゃくはち》は一休の好み。『狂雲集』に「尺八」と題する詩（七五）があり、頓阿という名人について「題頓阿弥尺八像」（八一〇）と題して、「頓阿弥が尺八を吹けば鬼神をも感動させ、広い天下の遊び人の中でも肩を並べる者がいない。森羅万象はこの調べにふくまれていて、この図には日本一の笛の名手が描き出されている」と詠じた。口宣舞《くせまい》は曲舞とも。簡単な舞と特有の節の歌い方に人気があり、南北朝期以後に流行し、路上や町の戸前で演じて小銭を得た。一休はこうした破戒の世界に身を投じ、市中の雑芸を贔屓《ひいき》した。

そこから転じて、一休は自分の覚悟を明かす。こころは大寺になく鄙《ひな》びた俗世間にあり、蓑笠《みのかさ》つけて乗る船にある。どうして臨済禅の王道にこだわる必要があろうか。人の心を迷わせる利益と衰《おとろえ》と毀誉《きよ》と称《ほめことば》と譏《そしり》と苦楽の「八風」と、色・声・香・味・触に執着する「五欲」の欲望や煩悩の真っ只中にいて身をこがす。美人の色欲に迷い、銭の欲に明け暮れするのだ、という。

遊女の色香に溺れ、少年との交情に惑溺し、酒肆婬坊に出入りし、雑多の芸能事に夢中になる。それらは文字通りに読めば破戒にほかならない。しかしこれも維摩の教えに裏打ちされてのことであった。

『維摩経』仏道品第八に、「菩薩はどうして仏道に通達するのか」という文殊の問いに対して、維摩は「菩薩は罪の報いを受ける迷いの世界を行けば仏道がわかる」と菩薩の功徳を説いて、「驕慢《きようまん》のようにみえるが実は謙譲《けんじよう》であり、諸々の煩悩を行うようにみえても心は常に清浄《しようじよう》であり、外見上は魔に入るように見せかけているが、その実は仏の正しい知恵にしたがってほかの教えには従わない。独善のようにみえるが衆生のために妙法を説き、下賤の世界に入るようにみえるがそれを超越して仏の境地に入っている。妻妾や美人がいるようにみえるが、色・声・香・味・触の五欲のけがれから遠く離れている。よこしまの救いをなすようにみえるが、実は正しく衆生を救う。外道《げどう》の道に入るようにみえるが、その因縁を断っている。菩薩はこのように非道を行って仏道に達することができるのだ」という。これが逆行《ぎやくぎよう》である。

一休会裏の五種行の告白は、自己の破戒所業の懺悔《ざんげ》のようにみせて、一転して逆行の自覚をもたない養叟門下の堕落を揶揄することばとなり、いかがわしき説法だての欺瞞《ぎまん》を糾弾する。逆転の一指であり、挑発である。

以下は略するが、『自戒集』の語調が挑発的であることは、一読して納得できる。挑発は「方便」であり、「しかけ」にほかならない。全篇にわたる挑発的なことばのベクトルは、養叟を目指し、やがては教団の腐敗を射るはずのものであった。

破戒と艶詩

『維摩経』では、「婬舎《いんしゃ》」「酒肆《しゅし》」の文字が用いられたが、そこに入ることが教導《きょうどう》の「方便」となることを示した。

『維摩経』の方便

方便品《ほうべんぼん》第二の維摩の徳を称えた部分に、「若至博奕戯処輒以度人、受諸異道不毀正信、(略)入諸婬舎示欲之過、入諸酒肆能立其志(もし博奕戯処《ばくえきけしょ》に至りても、すなわち以て人を度《ど》し、諸々の異道を受けても、正信《しょうしん》を毀《やぶ》らず、(略)諸《もろもろ》の婬舎《いんしゃ》に入りては、欲の過《あやま》ちを示し、諸の酒肆《しゅし》に入りては、能《よ》くその志を立てしむ)」と明記している。

江部鴨村氏はこれを解釈して、時には競馬や麻雀倶楽部やダンスホールなどに出入りはするが、それを機会に人を善導する。邪教迷信を否認はしないが、正しい教えを裏切ることはない。時にはカフェや待合などにお忍びで桃色遊戯にふけるが、放蕩する者のために愛欲受難の手本を示して、反省の機会をつかましめる。時には軒灯ほの暗い横丁に潜行して、名もない十銭スタンドの脚長椅子に腰をおろし、やき鳥とブランデーに怪気炎をあげながらも、酒毒にすさんだ同座の酔客のくずれた心をシャンと引き立てるのであった、としている。

岡本素光氏は、同じ箇所を、「諸の醜業婦の居る所に立寄ては淫欲の過あることを説示して、諸の酒肆、飯酒店や料亭などに入つては、酒は志を失ふものたることを説いて之れに耽溺する者を救ひ志を立てしめるといふ」と釈している。

維摩は、常識的には逡巡《しゅんじゅん》するのであったろう処にも足を踏み入れて、道を誤ることがなかった。一休はこれを実践したのである。

『狂雲集《きょううんしゅう》』に、破戒《はかい》、酒肆、淫坊《いんぼう》を詠む作品があることは、よく知られている。一休は、持戒《じかい》するのは驢馬《ろば》、破戒するのが人間と言い放った。

破　戒

「脚下紅糸線」（一二八）に、「持戒は驢《ろ》となり、破戒は人、河沙《がしゃ》の異号《いごう》精神を弄《ろう》す、初《しょ》生《しょう》の孩子《がいし》婚姻の線、開落《かいらく》す紅花幾度《こうかいくど》の春（持戒為驢破戒人、河沙異号弄精神、初生孩子婚姻線、開落紅花幾度春）」とある。

戒をたもつ者は驢馬となり、戒を破る者は人となる。ガンジス河の砂のように無数にある戒はみな精神を弄ぶ妄想にすぎない。生まれたばかりの赤ん坊の足裏にある紅糸線《こうしせん》は、すぐそのまま男女の縁《えにし》の糸となり、咲いたばかりの紅い花はたちまち落ちて、そういう春を幾度過ごしたことか、という。少年期より詩名を謳われた人は、詩にふけるのを自戒して驢馬となることを選び、しかもなお詩を捨てられなかった。

「破戒」の文字も少なくない。

「破戒」（七八三）と題して、「扶桑《ふそう》の艶簡散文《えんかんさんぶん》鮮やかにして、吟杖清高雲月《ぎんじょうせいこううんげつ》の天、流落《るらく》す江湖風雨《ごうこふうう》の枕《まくら》、詩情自ら折る十余年（扶桑艶簡散文鮮、吟杖清高雲月天、流落江湖風雨枕、詩情自折十余年）」とある。

この国を行き交う艶詩散文は鮮やかで、雲や月を仰ぐ吟詩は清く気高い。自分は田舎に落ちぶれて風雨を枕にし、詩情を自ら断って十余年になる、といい、詩を詠むこと、艶簡の世界に入ることが破戒であった。

次いで「悪詩《あくし》の題取《だいしゅ》わが曾《むかし》を記し、儒雅《じゅが》の風流破戒の僧、吟断《ぎんだん》す十年樵屋《しょうおく》の底《てい》、山林の暗夜残灯《ざんとう》に対す（悪詩題取記吾曾、儒雅風流破戒僧、吟断十年樵屋底、山林暗夜対残灯）」（七八五）とある。下手な詩を作って昔のことを想う、儒者に風流のことも僧には破戒にあたる。詠詩をやめて十年、山中の小屋に暮らし、暗い闇に消えかかる灯に向かっている、と断吟の日々をふりかえる。ここにおいても、詠詩は破戒であった。

「病中　二首」と題して、第一首（二五〇）に「破戒の沙門《しゃもん》八十年、自ら慚《は》じる因果撥《いんがはつ》無《む》の禅を。病は過去の因果の果を被《こうむ》り、今何を行じてか劫空《ごうくう》の縁を謝《しゃ》せん（破戒沙門八十年、自慚因果撥無禅、病被過去因果々、今行何謝劫空縁）」とあり、破戒の坊主が八十年生きて、自分の禅が因果の道理を無《な》みするのを慚じる、この病も過去の因果を被るもので、今何をして長年の因縁にわびればよいのか、と破戒の人生を愧じる。

第二首（二五二）に、「美膳《びぜん》に誰《たれ》か具《そな》えん一双の魚、小艶《しょうえん》の工夫日用《くふうにちよう》虚《むな》し。婬色《いんしょく》の吟身《ぎんしん》頭上の雪、目前の荒草未《いま》だ曾《かつ》て耡《す》かず（美膳誰具一双魚、小艶工夫日用虚、婬色吟身頭上雪、目前荒草未曾耡）」とある。誰か膳に魚を供えて馳走《ちそう》してくれないか、恋人が自分の心をわかってくれないだろうかと煩悩が多く、日ごろの修行が虚《むな》しい。婬《いん》を吟じるのになれたこの身は頭が白くなったのに、心の煩悩の草を刈り取ったこともない、と嘆いてみせて、「婬色吟身」はやはり破戒の身であった。

「懺悔抜舌罪」（二八〇）と題して、「言鋒殺戮《げんぽうさつりく》す幾多《いくた》の人、偈《げ》を述べ詩を題して筆《ふで》人《ひと》を罵《ののし》る。八裂七花《はちれつしちか》、舌頭《ぜっとう》の罪、黄泉免《こうせんまぬが》れがたし火車《かしゃ》の人（言鋒殺戮幾多人、述偈題詩筆罵人、八裂七花舌頭罪、黄泉難免火車人）」とある。「八裂七花」は花の散ってちりぢりになる様子。自分の詩偈に多くの他人を罵倒してきたが、ことをめちゃくちゃにした罪は、あの世に行く時には地獄に落ちるのを免れぬ。信ずるところに従って敢えてひとを罵ったのではあっても、そこに並んだ文字の罪は消しがたい。すべては己れに振り返ってくる、そのことが頭から離れない。

破戒をほこるのではなく、深い自戒につながるのであったことの自白である。『狂雲集』における入魂《にゅうこん》は重層的世界を構築した。

一休の婬坊酒肆

次に、いくつかの一休の「婬坊酒肆《いんぼうしゅし》」の詩と艶詩をあげる。

「人境倶不奪」（一六）と題して、「道《い》うこと莫《なか》れ再来銭半文《さいらいぜにはんもん》と、婬坊酒肆に功勲《こうくん》あり、祇《た》だ人の相如《しょうじょ》が渇《かつ》を話《かた》るに縁《よ》って、腸は断ず琴台日暮《きんだいにちぼ》の雲（莫道再来銭半文、婬坊酒肆有功勲、祇縁人話相如渇、腸断琴台日暮雲）」とある。

二度と来ても半文銭の値打ちもないなどと言うなかれ、色街や居酒屋も修道の助けになる。漢の司馬相如《しばしょうじょ》は水を飲んでも渇きのとまらない「消渇《しょうかつ》」の病があったと聞く。相如といえば、夕焼雲を見ては、相如が琴を弾いて卓文君《たくぶんくん》と駆落ちしたことを思い合わせて、胸が痛む。

相如が、糖尿病と思われる消渇の持病があったことは、『史記』司馬相如列伝に見える。相如と文君の駆落ちについては先に、『蒙求《もうぎゅう》』の「緑珠《りょくしゅ》墜楼、文君当壚《ろ》」のところで述べた。

「如意庵退院、寄養叟和尚」（八五）と題して、「住庵《じゅうあん》十日にして意は忙々《ぼうぼう》、脚下の紅糸《こうし》線《せん》甚だ長し、他日君《きみ》来たって如《も》しわれを問わば、魚行《ぎょこう》酒肆又た婬坊（住庵十日意忙々、脚下紅糸線甚長、他日君来如問我、魚行酒肆又婬坊）」とある。

「紅糸線」は、生まれたばかりの赤ん坊はまだ土をふまないので足の裏に線のような血の筋があるのをいう。よく修行した人を「紅糸線断」といい、悟りに至らず煩悩の残っているのを「紅糸不断」という。

住持した十日間、ずいぶん気ぜわしかった。遍歴して悟りを開いた人は足の皮が厚くなって、血の筋が見えなくなるというが、なにほどの鍛練もしない私の血の筋ははっきり見える。いつかあなたが尋ねて来られるならば、相変らず未熟の私は魚屋か居酒屋か娼家をうろうろしていることだろう。

永享十二年（一四四〇）六月二十日、四十七歳の一休は言外宗忠《ごんがいそうちゅう》の塔所《たっしょ》如意庵に、人びとの請によって入院《じゅえん》し、二十七日に、師であった華叟宗曇《かそうそうどん》の十三回忌を営んだ。そのための入院であったろう。しかし、人びとは回忌よりも、兄弟子養叟宗頤の建立したばかりの大用庵《だいゆうあん》に集って、香銭を持参して祝うのに忙しかった。一休は心中穏やかでなく、七月朔日には退院《ついえん》した。

「羅漢遊婬坊図　二首」と題する第一首（一二五四）に、「羅漢《らかん》の出塵識情《しゅつじんしきじょう》無し、婬坊の遊戯《ゆげ》また多情、那辺非《なへんひ》か那辺是《ぜ》か、衲子《のうす》の工夫魔仏《くふうまぶつ》の情（羅漢出塵無識情、婬坊遊戯也多情、那辺非矣那辺是、衲子工夫魔仏情）」とある。

俗塵《ぞくじん》を離れた羅漢には人情煩悩がない。婬坊での遊びにはまた人情が多すぎる。どちらがよいのか悪いのか、禅僧の工夫には仏と魔のふたつの心が必要なのだ、という。婬坊への誘いである。

第二首（二五五）に、「出塵の羅漢仏地を遠ざかる、一たび婬坊に入れば大智《だいち》を発するに、深く笑う文殊楞厳《もんじゆりようごん》のうちに唱うることを、失却《しつきやく》す少年風流の事（出塵羅漢遠仏地、一入婬坊発大智、深咲文殊唱楞厳、失却少年風流事）」とある。

俗塵を離れた羅漢はかえって仏の悟りから遠ざかっている、一度婬坊に入って遊べば悟りの世界が現れるのに。笑うべきは、『楞厳経《りゆうごんぎよう》』に文殊が咒文《じゆもん》を唱えて阿難《あなん》を婬坊から追い払ったことだ、せっかくの少年阿難の風流を失ってしまったではないか。ふたたび、婬坊への誘いである。

「俗人婬坊門前吟詩帰」（二六四）と題して、「楼子無心《ろうしむしん》、彼《か》れ有心《うしん》、詩に婬する詩客、色、何ぞ婬せん。宿雨《しゆくう》西に晴る小歌の暮れ、多情愛すべし門に倚《よ》って吟ず（楼子無心彼有心、婬詩々客色何婬、宿雨西晴小歌暮、多情可愛倚門吟）」とある。

「俗人」は一休がその立場になっての呼び方とも読める。楼子和尚は無心だが彼には心がある。詩人は詩に婬するが色にはおぼれない。昨夜からの雨が西から晴れて、暮れるにつれて娼楼《しようろう》からは歌声が聞こえる。多情はなかなかのものだと想いにふけって、門に倚りかかり口ずさむ。婬坊世界への案内である。

「婬坊頌以辱得法知識」（二八四）と題して、「話頭《わとう》の古則《こそく》、欺謾《ぎまん》を長ず、日用《にちよう》腰を折って空しく官に対す。栄衒《えいげん》、世上の善知識《ぜんちしき》、婬坊の児女も金襴《きんらん》を着く（話頭古則長欺謾、日用折腰空対官、栄衒世上善知識、婬坊児女着金襴）」とある。耳にする公案はかえって欺瞞《ぎまん》を増すばかり、日ごろは腰を折ってお役人に対している。金襴というならば、俗世間に媚びるお偉い僧たちと同じく、娼楼の遊女だって身に着けているのだ。

得法すべき古則の訓練はその実を失い、俗人にへつらう僧社会を指弾する姿勢は一休の生涯をつらぬいていた。むしろ婬坊の金襴は、禅林の腐敗を省みるきっかけなのであり、そこに行かねばそのことに気づかない。

婬欲色愛

「警策《けいさく》」（三八三）と題して、「苦なるかな、色愛太《しきあいはなは》だ深き時、忽《たちま》ち忘却す文章と詩。前には知らずこれ自然の福なるを、なお喜ぶ風音《かぜおと》の所思《しょし》を慰むを（苦哉色愛太深時、忽忘却文章与詩、不前知是自然福、猶喜風音慰所思）」とある。色愛のとても深い時は苦しいものよ、すぐにも詩や文のことを忘れる。これが自然の幸いであることを前には知らなかったが、嬉しいことに今は風の音にも胸の中を慰められる。色愛に苦しむ経験をへて、それが人間の自然であることを知る境地を得た。

「警策」は、坐禅などのとき、眠りをさまし、心のゆるみを戒しめるために肩を打つ棒。ここではそのように意識を目覚めさせること。他僧のためとも、自分のためとも見える。

無題詩（三八四）に、「夢は熟す巫山《ふざん》夜々の心、蘇・黄・李・杜好詩吟《ぎん》ず、若《も》し淫欲をもって風雅に換うれば、価《あたい》はこれ無量万両の金（夢熟巫山夜々心、蘇黄李杜好詩吟、若将淫欲換風雅、価是無量万両金）」とある。

心は毎夜あの巫山雲雨《ふざんうんう》の情交を深く夢見る、蘇東坡《そとうば》、黄山谷、李白《りはく》、杜甫《とほ》はいい詩を詠んだが、それとてももし淫欲をもって風雅に換えられるのであれば、その方がはるかにすばらしい。「巫山」は、昔、楚《そ》の懐王《かいおう》は夢の中で美女と交わり、女は去る時に、自分は巫山に住んで、朝は雲となり、暮れには雨となると告げ、翌朝はたして山に雲が渦巻いたという故事をさす。

「邪淫僧因果」（五九四）に「因果果因何れの日か窮《きわ》まる、輪廻の三界《さんかい》獄囚の中、夜来八億四千の思い、雲雨巫山枕上《ちんじょう》の風（因果々因何日窮、輪廻三界獄囚中、夜来八億四千思、雲雨巫山枕上風）」とある。

色欲にとらわれた僧の悩みはいつになったら終るのか、因果のめぐり続けるこの世は獄中の囚われと同じ。人は一昼夜に八億四千の俗念を抱くというが、昨夜からその思いにとらわれて、雲雨が巫山にかかり、欲情にかられる。

ここにいう邪淫の僧は、一休自身であっても、別の僧であってもよいのは、ほかの場合と同じである。

禅の中の美人

「美人」の文字も目立つ。

「吸美人婬水」(五二九)と題して、「密啓《みつけい》自ら慙《は》ず私語のちかい、風流吟じおわり三生《さんしょう》を約す。生身《しょうしん》堕ちて畜生道《ちくしょうどう》に在り、絶勝《ぜつしょう》なり潙山《いさん》戴角《たいかく》の情(密啓自慙私語盟、風流吟罷約三生、生身堕在畜生道、絶勝潙山戴角情)」とある。

ひそかに美人にささやいては、心の中で私語の誓いを恥じ、風流の歌をうたい終わって三度生まれ変わって契《ちぎ》ろうと約束した。この身は畜生道に堕ちるのではあっても、よいかな、潙山霊祐《いさんれいゆう》の、水牛に生まれかわって頭上に角を生やしても、衆生《しゅじょう》を救おうとする心根のあることよ。

潙山(七七一―八五三)は、百丈懐海《ひゃくじょうえかい》の法嗣《ほうし》である。「婬水」は愛液。人は邪婬、名利、忘恩によって畜生道に堕するという。詩は禅の伝説を持ち込んで堅苦しいが、詩題はずばりとその実際を示した。この思い切りに一休の覚悟の深さが示されて、他の追随を許さない。

「閑工夫辱栄衒徒」(二五九)と題して、「金襴の長老一生の望み、衆を集めて参禅また上堂《じょうどう》、楼子《ろうし》の慈明何の作略《さりゃく》ぞ、風流愛すべし美人の粧《よそお》い(金襴長老一生望、集衆参禅又上堂、楼子慈明何作略、風流可愛美人粧）」とある。

金襴の袈裟をつける和尚の一生の望みは、衆を集めて説法したり問答することだ。楼子和尚や慈明和尚はどうたくらむのやら、化粧した美人の姿は風流愛すべきものがあるのだ。楼子、慈明と婆子《ばし》の故事については先にふれた。ここにも「作略」の文字がみえる。金襴で着かざる通俗の僧に対して、この風流のくせもの和尚ふたりがどうやって場面を乗り切るのであったか、そこを習うべきことをいっている。

「大灯忌宿忌以前対美人」（六）と題して、「宿忌《しゅくき》の開山諷経《ふうぎん》、経咒《きょうじゅ》耳に逆らう衆僧《しゅそう》の声、雲雨風流事終って後、夢閨《むけい》の私語《ささやき》して慈明を笑う（宿忌之開山諷経、経咒逆耳衆僧声、雲雨風流事終後、夢閨私語笑慈明）」とある。

今日は大徳寺開山忌日の前夜、作法にしたがって多くの僧が読む経の声がうるさい。美人とのあのことがすんだばかりで、閨《ねや》の中であの慈明和尚のことを話して笑った。大徳寺開山といい、正忌の前夜といい、道具立てをそろえて、本寺の荘厳《しょうごん》行事を無視して情事にふける。このあるべからざる姿が情事の重味を際立たせる。実際にあったことであってもそうでなくても、人の意表をつく詩作の意図にかわりはない。

別号夢閨

夢閨は一休の別号とされるが、「狂雲子」「一休子」にくらべて用例は少ない。「夢閨」の名は別の偈頌《げじゅ》一幅（東京国立博物館蔵）にも見えて、「右二比丘尼《びくに》あり、夢閨老衲《ろうのう》の山居に一宿来訪す、因《より》て詩を作り、以てこれに示すと云う、応仁元年厳寒の日酬恩庵《しゅうおんあん》に書す、虚堂七世孫東海純一休」と署名がある。ふたりの比丘尼が「夢閨老人」を訪れて一宿したという想定で書かれたもので、この老人が一休にあたる。

応仁《おうにん》元年（一四六七）は大乱の最中で、一休は九月朔日に薪《たきぎ》の酬恩庵に入り、村の人びとに歓迎されたことが『年譜』にみえる。この年三月五日に文正二年を応仁元年と改元した。「厳寒日」はこの年の冬をさしている。

その偈頌の本文に「円悟《えんご》、雲居に老娘《ろうじょう》と約す、平生愧《は》ず我の鴛鴦《えんおう》を笑いしことを、旧時話し尽くす風流の事、秋点夜来なお長からず（円悟雲居約老娘、平生愧我笑鴛鴦、旧事話尽風流事、秋点夜来猶不長）」とある。

圜悟《えんご》禅師は雲居山で女人と契ることがあった。自分はかつておしどりの仲を笑ったことがはずかしい。圜悟はさぞしみじみとふたりの想いを語り合ったことだろう。自分もまた語り明かして秋の夜は短かかった、という。

この偈は『狂雲集』（六四九）にも収められていて、その時の様子を告げる長い序が付いている。その序に「圜悟大師、雲居に住せし時、老娘《ろうじょう》あり、西蜀《さいしょく》より来たり、寺門の外に寓《ぐう》す、悟、一偈を以てこれに与えて曰く（圜悟大師住雲居時、有老娘来自西蜀、寓于寺門外、悟以一偈与之曰）」、

三十年来共一頭
頭々夜々講風流
而今老矣全無用
君底寛兮我底柔

三十年来共に一頭《いっとう》
頭《ず》々《ず》夜々風流を講《こう》ず
いまは老いけりまったく無用
君のはゆるく我れのはやわらかく

「応仁改元の秋、一比丘尼あり、余を薪の山居に訪れり、圜悟禅師の旧を追懐し、因て詩を作り、これを示して云く（応仁改元秋、有一比丘尼、訪余於薪之山居矣、追懐圜悟禅師之旧、因作詩示之云）」とある。偈の本文はさきの墨跡と同じで、署名の部分は、墨跡として独立させるために表現をかえてある。墨跡と『狂雲集』のいずれが先であったかは今は問わない。この偈が圜悟の偈を前提にしていることが興味深い。

圜悟克勤《こくごん》は、『碧巌録《へきがんろく》』に手を加え、門下に大恵宗杲《だいえそうこう》、虚丘紹隆《くきゅうじょうりゅう》など多数がいた中国禅宗の大立者である。その圜悟が雲居山真如寺に住していた時、老娘が四川《しせん》省《しょう》から出てきて、門外に住んだ。そこで圜悟はひとつの偈を与えた。この老娘は慈明老師の婆子と同じ設定で、老娘も婆子も修道の面影をたもつ女性であって、若い女といわないところに禅林の語法がある。

圜悟の偈に、「三十年一緒に暮らして、毎晩愛しあった、今は老いてまったく役に立たない、女のあれはゆるくなり、自分のあれはやわらかくなってしまったのさ」という。「頭々」はそれぞれに、「而今《じこん》」は「如今《にょこん》」と同じで、いまの意味。

薪を訪れて一宿した比丘尼と一休がこの偈のことを話題にして、これに因んで作ったとされるのが『狂雲集』（六四九）と墨跡の偈である。先の『狂雲集』（六）の「大灯忌宿以前対美人」の偈は、応仁元年の偈と序にいう圜悟と老娘との組みあわせが慈明と婆子のそれに似ていることから連想がおよんで、慈明のことを笑ったというのである。「夢閨」が一休自身をさすとして、その文字面は閨をさしている。

このふたつの詩偈が一休のこととも、他僧のこととも、実際のこととも、仮想のこととも、すべては同じことになるところに、一休の卓抜がある。この時、「美人」の人格は、圜悟、慈明、さらには一休だからこそ許される破戒の逆転によって、虚実の間にある風流の人であり、人を禅にみちびく仮りの姿でもある。

森女を歌う　森女《しんじょ》の歌についてみる。

「盲女森侍者、情愛甚だ厚く、まさに絶食して命をおとさんとす、愁苦の余り、偈を作りて言う（盲女森侍者、情愛甚厚、将絶食殞命、愁苦之余、作偈言之）」（五三二）と題して、

百丈鋤頭信施消
飯銭閻老不曾饒
盲女艶歌咲楼子
楚台暮雨滴蕭々

百丈《ひやくじよう》の鋤頭《じよとう》信施《しんせ》消え
飯銭《はんせん》閻老《えんろう》曾《かつ》てゆるさず
盲女《もうじよ》の艶歌《えんか》楼子《ろうし》をわらい
楚台《そだい》の暮雨《ぼう》滴して蕭々《しようしよう》

とある。森女は情愛が深く、いま絶食して死のうとしている、苦しみの末に、偈を作って、心中を述べようと思う。百丈和尚は、一日作《な》さざれば一日食わずの人で、自分で畠仕事をしたので、信者の布施は要らず、怠け者の僧ならば、閻魔《えんま》は飯代をゆるすことはない。森女の色歌は、楼子《ろうし》とそれに倣《なら》う者を笑ってものともしない。かの楚台の夕暮れの雨がしとしとと降る。

「楚台」は楚の台地。楚の懐王が高唐《こうとう》に遊び、昼、寝て、夢に巫山《ふさん》の神女とちぎり、別れに際して、妾《わたし》は巫山の陽、高丘《こうきゆう》の岨《そ》にあって、朝には雲となり、暮には雨となるといった。王が朝夕眺めていると、その通りだったので、朝雲廟を建てて、これを祀《まつ》ったという故事がある。のちに男女の情事をさして、雲雨、巫山の雨、巫山の雲という。

森女の登場である。ここの第三句「盲女艶歌咲楼子」が、「一休宗純と森女図」の一休の画賛の第三句として、そのまま使われている。どちらが先であったかわからないが、ふ

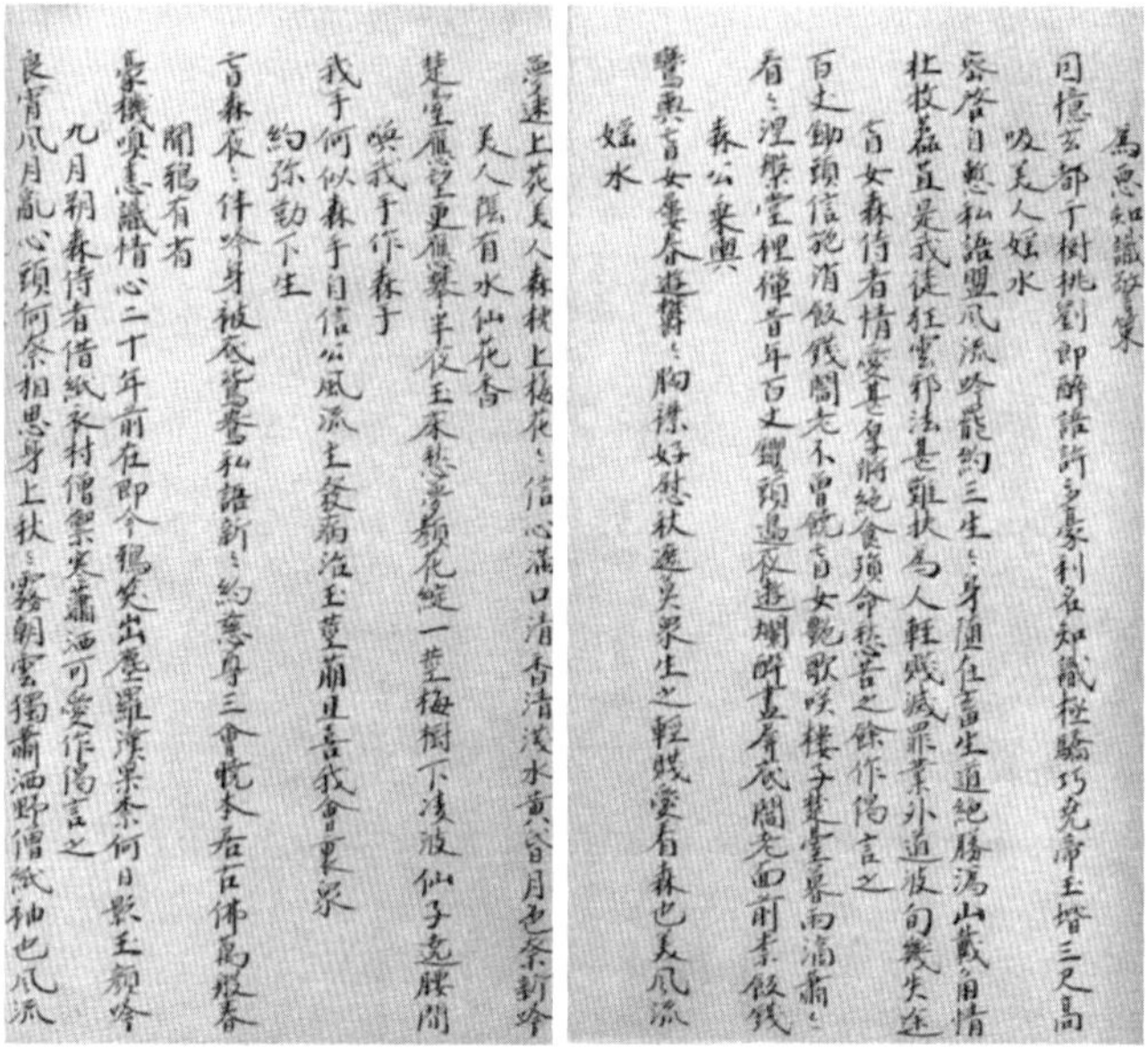

図15　森女の歌（『狂雲集』奥村重兵衛蔵本覆製）

たつの詠はたがいに連想が行くことを意識したものであろう。「情愛甚だ厚し」と「まさに絶食して命を落とさんとす」の間に、どんな脈絡があったのか、わからない。不意に「将絶食殞命」という状況が導入されて、「愁苦之余、作偈言之」のきっかけとなっている。

事実であったのか、仮想であったのか、いずれとも決めがたい。仮想であるならば、維摩の「疾」にあたる「方便」につながり、一休は森女を詠うための「しかけ」をしたことになり、『狂雲集』ではここからしばらく森女の歌が続いて、希有の情愛世界が展開する。

「森公輿《こし》に乗る（森公乗輿）」（五三三）と題して、

鸞輿《らんよ》の盲女しばしば春遊し
鬱々《うつうつ》の胸襟秋《きょうきんしゅう》を慰むのに好し
さもあらばあれ衆生《しゅじょう》の軽賤《きょうせん》
愛し看《み》る森《しん》もまた美風流

鸞輿盲女屢春遊
鬱々胸襟好慰秋
這莫衆生之軽賤
愛看森也美風流

とある。輿に乗って森女はしばしば春の遊びに出かけ、ふさがる胸の憂いをはらしている。みんなが軽蔑するならばそれでもいい、森女はいかにも美しくいとしく見える。「秋」は「愁」と同じ。あえて「盲女」の文字を使うところに、作者の慈愛が見える。あれこれと口さがない人びとの軽蔑のまなざしを無視して、率直にその美を称えてみせる。このときすでに詩は、いわゆる艶詩の後ろめたさを越えているだろう。

「姪水」（五三四）と題して、

夢に上苑《じょうえん》美人の森に迷い
枕上《ちんじょう》の梅花は花便りの心

夢迷上苑美人森
枕上梅花々信心

口に清香清浅《せいこうせいせん》の水を満たし　満口清香清浅水
黄昏《こうこん》の月色新吟《しんぎん》をいかんせん　黄昏月色奈新吟

とある。夢に宮中の苑で美人のいる森に迷い、夢に森女に心をうばわれ、枕上の梅花の便りを聞き、褥《しとね》をともにする枕の、森女の香りに胸ふさがる。口いっぱいに森女の香りを吸い込み、したたりを受けるうちに、早やたそがれになって、この気持ちをどう吟じたらよいのか。夢とうつつの境界は消えて、夢想であっても、現実であってもよい。

蔭木英雄訳は、「婬水」をあえて「水にたわむれる」と訓んだが、そのまま、交情の場面であってもよいことで、問題は、情事の現場として展開してみせた一休の真意がどこにあったのかにある。詩は、当時尋常の地平を越えているだろう。

「美人の陰に水仙花の香あり（美人陰有水仙花香）」（五三五）と題して、

楚台はまさに望むべくさらに登るべし　楚台応望更応攀
半夜の玉床愁夢の顔　半夜玉床愁夢顔
花はほころぶ一茎梅樹《いっけいばいじゅ》の下《もと》　花綻一茎梅樹下
凌《りょう》波《は》の仙子《せんし》腰間《ようかん》をめぐる　凌波仙子遶腰間

とある。「楚台」はさきに述べた雲雨《うんう》、巫山の雨をいい、男女の情事をさす。美人のあそこに水仙花の香りがする。楚台を遠くながめるのも登るのもよいとは、閨の中の視線とも、作法とも読める。床の中のひとは愁いにみちた顔をしている。梅樹の下に一茎の花が開くのを、文字通りに交情のひとときと読んでよいだろう。「凌波仙子《りようはせんし》」は、水仙花のことで、腰間をめぐるのを詠うのに、詩人は、ことばを吟味した。破戒は浄化され、仕上げがほどこされ、詩のかたちを得たのである。

一瞬の世界を詩の側から表現して、修道の形骸にまみれ密閉された美を解放し、破戒の絶対を美の絶対に重ねた新しい境地である。説明ではなく、そこにあるような世界が、そのままのこととして、そこにある。研ぎすまされて、破戒はその真底をさらしている。中途半端な破戒の暗示は、詩情を汚すだろう。ここにおいても、圧倒的な破戒の現場は、写実であったのか、創作であったのか。読者は、そのいずれともつかない世界に迷いこむのである。

「わが手を喚《よ》びて森手となす（喚我手作森手）」（五三六）と題して、

わが手は森の手に何似《いずれ》ぞ　　我手何似森手
自ら信ず公は風流の主なり　　自信公風流主

発病すれば玉茎《ぎょくけい》の萌《も》ゆるを治《じ》す
且《かつ》喜する我が会裏《えり》の衆《しゅ》

発病治玉茎萌
且喜我会裏衆

とある。「何似」はふたつを比べてみて、どうだという文字で、後の方をよしとする。「発病」は維摩の「疾」でもあり、普段から病弱だった一休の体調でもあり、ことにおよんで萎《な》えた一瞬であってもいい。

自分の手に喚びかけて、お前の手は森女の手にくらべてどうだ、いや、森女の方がましだ。本当にお前は風流の主だ。病気になっても癒して一物の立つ気分が湧いてくる。ご同慶の至り、わが門徒の人びとよ。

右の三首は、『狂雲集』の艶詩の中でもよく知られ、一休の艶詩をいうとき、人びとは、この三首を思い出しているといってもいい。他僧の艶詩が、せっかくの心根を常識の衣に包んで、表面をなぞるしかなかったのにくらべて、ここでは体毛がゆっくり数えられている。時間がとまっている、といってもいい。挨拶ことばは放擲《ほうてき》されて、対象に向けられた視線がやさしい。思い切った文字列が人を驚かすが、ことばの吟味は安定していて、詩としての端正を得ている。

一休は、『維摩経』と同じく「婬坊酒肆」の文字を用いている。その世界に耽溺することをすすめ、自身もそこに入ったことを告白するかに見える。

詩は、「美人」「森女」「婬水」を詠んで、はるかに率直、直接的で、維摩の先にある。周辺の僧が口をつぐんだのに対して、一休は破戒の世界の真っ只中で直視したところ、語りつがれた伝説的な逆行の世界を今そこにあることとして、筆にした。

一休の詩は、同朋を破戒の世界にいざなおうとしているかに見える。修道の人が破戒をすすめる自己矛盾は、鮮烈の詩世界に至って、「逆行」が浮上する。提示された破戒を文字通りに読むのは、簡単にすぎ、そこから「風狂」を孤立させて誇張するのは、略式にすぎるだろう。

一休と金子光晴

金子光晴の世界

「風狂」は強靭《きょうじん》の自意識がえらんだ体制からの滑落《かつらく》であり、破戒《はかい》は地獄への通路であり、一休は情況が地獄であることを自覚していた。禅《ぜん》林《りん》において孤立しながら、体制と世間の評判から距離をおいた。そこから真と俗の地獄を見据えた。不意のことではあるが、その視線は、たとえばはるか後の、昭和年代の詩人金《かね》子光晴《こみつはる》のまなざしに重なってくる。少しく迂回して、金子の世界をうかがってみる。

金子は、明治二十八年（一八九五）、愛知県に大鹿和吉の三男として生まれ、同三十年、金子荘太郎の養子となり、同四十一年、暁星中学に入学、同四十二年、江戸時代小説を耽《たん》読《どく》し、古本屋を漁って小説類を蒐《あつ》め、ついで黄表紙《きびょうし》、洒落本《しゃれぼん》などを濫読した。大正三年（一九一四）、早稲田大学高等予科文科に入学、同四年、中退、東京美術学校日本画科に入

図16　金子光晴

学、すぐ退学、慶応義塾大学文学部予科に入り、まもなく休学、同五年、退学した。
　大正七年、鉱山に手を出すが失敗。この間、作家、詩人と交流する。同八年、ベルギーに下宿、同十年、帰国。同十二年、詩集『こがね虫』を刊行、詩人としての名が高まる。同十三年、森三千代と結婚、同十四年、遺産を使い果たして生活苦に落ちいり、以後ながい貧乏生活が始まる。同十五年、夫妻で一ヵ月ほど上海《シャンハイ》に逗留。郭沫若《かくまつじゃく》、魯迅《ろじん》、内山完造《うちやまかんぞう》らを知り、蘇州、杭州、南京を見物、帰国後住居を転々とする。
　昭和三年（一九二八）、生活苦と三千代の恋愛問題を打開するため、約五ヵ年にわたるアジア、ヨーロッパ放浪の旅に出て、同四年、シンガポール、ジャカルタ、ジャワ島をめぐる。同五年、パリに行っていた三千代と合流。依然として生活苦が続き、さまざまな賃仕事をする。藤《ふじ》田《た》嗣治《つぐはる》らの在パリ画家と交流。同六年、パリをのがれてベルギーに行き、同七年、三千代をのこして帰国の途につき、途中、マレー半島を四ヵ月旅行する。同十九年、召集令状が来て、いろいろ工夫して免れる。同二十四年、創作、翻訳など旺盛な活躍がはじまり、同二十七年、『日本の悲劇』刊行、読売文学賞。昭和三十八年、今泉みね『名ごりの夢』（平凡社、東洋文庫）の「解説」執筆。同四十年三月、三千代と三度目の婚姻届けを出し、森姓で入籍。八月、現代語訳『京都守護職始末《きょうとしゅごしょくしまつ》1』（平凡社、東洋文庫）を刊行。同四十三年六月、斎藤月岑《げっしん》『増訂武江年表《ぶこうねんぴょう》1』（平凡社、東洋文庫）を校訂、「解説」を執筆。七月、『同2』を校訂。同四十六年五月、自伝『どくろ杯』刊行。九月、『風流尸解記《しかいき》』刊行、芸術選奨文部大臣賞。同四十八年、『ねむれ巴里《ぱり》』刊行などがつづく。同四十九年五月、高血圧で倒れる。七月、雑誌『面白半分』の半年編集長となる。

昭和五十年六月三十日、急性心不全のため死去。享年八十。中央公論社版『金子光晴全集』（全十五巻）の刊行始まる。

洒脱なフーテン老人

複雑な愛情関係、多様な人脈、化粧品会社の経営をなし、詩作をふくむさまざまな国内での文学活動、中国各地から東南アジアでの生活苦に追われる暮らし、『ねむれ巴里』に詳らかなパリの生活、ベルギーを中心とするヨーロッパ留学などは、関係する数多い書物にその細部が描かれている。ヴェルハーレン・ボードレール・アラゴンなどの外国詩人から『武江年表』『京都守護職始末』などの歴史史料におよぶ素養の広さは刮目《かつもく》すべきものがあり、詩人という生活の複雑さを示す生涯は『詩人　金子光晴自伝』や門人にあたる人びとの著述に整理されている。

沢木耕太郎は、「旅の混沌」（『新潮日本文学アルバム　45　金子光晴』所収、一九九四年、新潮社）という文章で、金子を「洒脱なフーテン老人」とよび、「金子光晴もまた「晩年に大勝を得た」ひとりであるかもしれない」として、最晩年におけるジャーナリズムでの異常なまでの金子ブームを認めた。その一文を書くにあたって、「この一ヵ月、私は金子光晴を読んで暮らした。机に中央公論社版全集十五巻を積み上げ、森三千代をはじめとする周辺の人々が記した文章と共に読んでいった」と記している。

筆者も、『どくろ杯』『ねむれ巴里』『西ひがし』『マレー蘭印紀行』『人よ、寛《ゆるや》かなれ』『人非人《にんぴにん》伝』『風流戸解記』『新雑事秘辛《ひしん》』『詩人　金子光晴自伝』『金子光晴文学的断想』『日本の芸術について』、『日本人について』『相棒金子光晴・森美千代自選エッセイ集』、『金子光晴自選詩画集』、桜井滋人『小説金子光晴　最後の女』、桜井聞き書き『金子光晴　衆妙の門』、同『金花黒薔薇双紙』、堀木正路『金子光晴とすごした時間』、同『私的金子光晴論』、嶋岡晨《しん》『金子光晴論』などを、手当たりしだいに漁って、彷徨《ほうこう》と沈潜《ちんせん》の世界を眺め暮らした。筆者にとっての金子にまつわる物語たちは、今は休憩している。

金子から一休へ

その間、フーテンの何であるらしいかを知りたくて、そして一休を考えるために、金子を読んでいたような気がしている。金子から一休を、あるいは一休から金子を連想したのは、その晩年の写真にみるようなゆったりと解放された風姿や相貌からだけではない。作品の表裏に、体験の複雑と苛酷を嚙みくだいて、あっさりと切り捨てた気分があって、それが一休に通じることを思ったからである。

たとえば『ねむれ巴里』での、折りたたむように繰りかえされたいくつもの苦い体験を、詩人の筆がすっきりと片づけた文章の奥にあるものが、金子にとっての「地獄」である。田村隆一「地獄の見世物としてのパリ」（『現代詩読本　金子光晴』一九七八年、思潮社）は、『ねむれ巴里』の一節を引いて、パリという地獄の見世物を愉しんでから、ふたたび東南アジアをさ迷い、昭和八年日本にたどりついた金子の青年時代を、次のように書く。

　三十二歳（昭和三年）から詩集『鮫』が刊行される四十一歳（昭和十二年）までの十年間は、青年が「詩」と「詩人」および近代化の嵐にさらされている昭和日本と訣別することによって、きわめて自覚的な「単独者」となり得たもっとも重要な、そしてもっとも苛酷な時期であった。青年は、三十二歳で「詩」と切れることによって、あらゆる皮相的な芸術運動や流行の美学から、身を堅持することができた。彼は昭和初年代の「日本」の真の運命を予見する「乾いた目」を、東南アジアの自然と、パリの人工的な地獄の見世物から学びとることができた。すなわち、語の厳密な意味において、彼は、真の「詩人」にならざるをえなかったのである。

　昭和十二年八月五日、日中戦争が勃発したほぼ一カ月後に、現代詩のエポックともいうべき詩集『鮫』を人民社より刊行する。その自序に、金子光晴は次のようにさりげなく書く――。

「一言、鮫は、南洋旅行中の詩、他は帰朝後一二年の作品です。なぜもつと旅行中に作品がないかと人にきかれますが僕は、文学のために旅行したわけではなく、塩原多助が倹約したようにがつがつと書く人間になるのは御めんです。よほど腹の立つことか軽蔑してやりたいことか、茶化してやりたいことがあつたときの他は今後も詩は作らないつもりです。」

「詩」から切れて、詩を書きはじめた詩人の動機は、じつに簡明直截である。

金子が「東南アジアの自然と、パリの人工的な地獄の見世物」から「乾いた目」を学びとり、当時の芸術運動の流れから距離をおく「自覚的な単独者」になりえたという指摘は、一休の場合にはどうなるかを思い、『鮫』自序にいう金子の詩を作る動機の簡明直截は、一休の場合はどうであったろうかを思うのである。

嶋岡晨『金子光晴論』（昭和五十年、五月書房）は、金子の資質として、「どちらかというと露悪的な告白趣味」という一面のあること、「反対する精神」の持ち主であることを指摘している。また、村野四郎が「『どくろ杯』や『人非人伝』では、金子光晴は、自分をハシにもボーにもかからない『人でなし』に擬しているようだが、私の見るところでは、あれは一種の擬態であって、弱い武士のかぶる甲冑のごときものである」（『風流戸解記』月報）と書いているのを引用して、「さすがによく見える目が感じられます」と賛同した。さらに続けて、「しかし、いうまでもなく光晴のかぶる「甲冑のごときもの」―偽悪者ぶり・露悪趣味は、ほんとうに弱い腰ぬけ武士のこけおどしとはいささか性質のちがうものです」「光晴は、余儀ない個人の恥部を、すべての人生の恥部、時代の恥部、社会の恥部に重ねあわせて、〈弱さ〉のシンフォニーのなかに人間の真実を聞こうとするのです」と書いている。ここからも金子から一休への通路がみえてくる。

たとえば二つの詩

『定本金子光晴全詩集』（昭和四十二年六月、筑摩書房・竹之内静雄発行、総頁一一二三頁）は、「面白い爺さん」の評判を得る最晩年の数年をのこして、それまでの金子の詩作の集大成である。その中からアトランダムに、たとえばと称して、ほんのふたつの、それも詩の全体ではなく、フレーズを引いてみる。

『IL《イル》』（昭和四十年、歴程賞）から、

「老人のひえた手足をあたためてくれる女を、どれほど愛着して、手放すまいとするにしても、老人は、若者たちのやうに、一人の女に身を賭ける誠実をもつてはゐない。一人の女の犬くぐりから、多勢の女たちの広場をのぞくにすぎない。吸盤のやうな指先で、一人の女の痒肌《かゆはだ》をさぐりながら、その一枚の膚つづきのいまやむかしの、善悪

美醜のけぢめなくおよぶかぎりの女の肌の記憶をよびさまし、また、その肌のしたの肉《しし》おきをくらべ、骨組《ほねぐみ》をたしかめて、さて、窮極するところは、はかない自個の可能性と、じぶんもまだ、人生の舞台にあがつてゐるといふこころの張りを、見うしなふまいとすることだけで力いつぱいなのである。老人に抱かれる女は女で、墓場に身を捨てる最低の気易さで、ひつこい愛撫や、邪推ぶかいくり言もうはのそらに、ひとごとのやうにからだをまかせるのだ。若いといふだけが取り柄の、犀のやうにとびはなれてついた、眠むさうな小さな眼の、法界坊のやうな河童《かつぱ》頭のちんぴら娘や、からだぢうに毛の渦巻きのある、泥でかためたやうなづづぐろい大女や、また、うけ口で、黄ろい雀斑《そばかす》のある、ペンペン草のやうな貧相な顔立ちで、手首に小さな疣《いぼ》の並んでゐる、鬆《す》の立つた中年女の、かたい背なかや、うすい腰をさすりながら老人たちは、老人たちだけがもつ一視同仁ないたはりで、言つてみれば、好き嫌ひにこだはらずに、女一人に生まれあはせたあひての宿命のあはれさだけをこまごまといとほしむ気持で、その女ののど首の疣黒子《いぼほくろ》や、並びのわるい齒でいつまでもガムを嚙んでゐる口の熱つぽさや、干からびて光る涎や、それから、脱色した髪の毛や、やけどのあとや、土踏まずのない足のうらや、数へたらきりのないそんな一つ一つを、遭《あ》ひがたいものにめぐりあつたやうな愛撫でなでさすり、舌で味はひ、嗅ぎまはるのである。多勢の兄弟のこと、女友達のこと、別れた男のこと、いまも関係が切れないで、ときどきあつてゐるらしい男のことなどを、口に泡を立ててしやべるのを、老人がよそごとにふけりながらきいてゐると、女もやつとそれに気がついて、愛情がうすいとか、本気でないとか、こころにもない無法なことを言ひだすのである。

嘘や駈け引きは、人間同士のかかりあひにはつきものだし、それに生きるといふこと自体が、食ひつ、食はれつの叫喚やうめき聲なしでは成立たない。むごたらしいいとなみなのだ。とりわけ老人が、愛情の、誠実のときれいごとを並べても、誰もまじめにあひてにしてはくれない。老人のからだは、解体《ふわけ》されたあとのつなぎあはせにすぎず、老人の時間は、廃品捨場に送られるのを待つてゐる時間なのだ。老人のあゆむ道は、わくら葉の道だ。老人のゐるところはどこでも地底に通ふが、僕らがはじめて生をうけた女胎の肉襞も、どこかで地底の闇のくらさとつながり、そのおなじやはらかい壁をへだてて、いつも、焔の燃えあがるやうな、生活のどよめき、太鼓の音が、殷々《いんいん》と踏みとどろいてゐる。そのくらやみの猩々緋が、たとへ墓穴に似てゐても、早合点は禁物で、人間に死の安楽などはない。」

『泥の本』の「ひとりごと—詩集『泥の本』の序詩」（昭和四十一年二月）から、

「見るから不逞なつらがまへをした、孤獨で年老いた日本猿の檻の前に、僕と、僕のふるくからの知合ひの園丁と二人が立つてゐる。

さくらも散りつくした春のうすぐもり、小公園を訪れる人の姿もまばらである。老猿は、まえに立つてゐる人間のことなど、心にも止まらぬか、あるひはシニックに見てそらすやうな不興気な容子で、片手は股のあひだをさぐり、淡紅あざやかな、毒蕈の『狐の畫筆』とそのままなものをにぎつて、人のするやうに、せはしげにその手をうごかしてゐる。

園丁は、短くなつた烟草を捨ててふみにじりながらいまいましさうに言ふ。

『こんなことを前でやつてみせて、教へる阿呆だらがゐたのですよ。子供たちの風紀にもかかはるで、よそへ移さねばと考へてをるところです』

『人間から教はつたことを、人間に教へかへすといふわけですね』

僕のことばに、笑はうともせず園丁は、檻の横板をとんとんと叩いて言つた。

『一度おぼえたらおしまひです。抑制や、克己心がありませんから、夜晝休みなしでこの通りで、やがて死んでしまひます』」

前者にみる、婬の微細描写が人間の真実と地獄をみせる技は忘れがたい。一休の艶詩がこれを凝縮したのであれば、それは地獄をみた人の視線である。後者は禅林の少年僧を思い出させる。ともに一休詩のふところの深さを考えるきっかけになる。

艶詩の世界

禅林社会と艶詩

名僧でない人

室町時代の禅宗は、中央・地方の大小寺、本寺・末寺、塔頭《たっちゅう》がそれぞれに閉鎖性を示しながら寄り合って、修道の場が形成された。現実と折り合いをつけながら、自己の影をただし、信条を育む人にとっても、経典、修道伝説の世界と現実生活との隔たりは大きく、暮らしの実態は複雑であった。指導者となるべき長老にも懶惰《らんだ》な人があり、破戒《はかい》は日常のこととなり、物欲にまみれて直接の門弟にも軽蔑されるほどの人があった。

たとえば、相国寺《しょうこくじ》普広院の厦屋永岼《かおくえいへい》は、文明《ぶんめい》十八年（一四八六）四月には遣明船の帰国にあたって、帰国船を出迎え、交易品を確認し、荷物の争奪を監視する九州使節に任命されるほどの人で、「使節器用」とよばれた。その十二月の足利義政《よしまさ》の生前に営まれた逆修《ぎゃくしゅ》法会の勤行衆《ごんぎょうしゅう》十人の中にも選ばれている。その後、延徳《えんとく》四年（一四九二）六月、夏屋はそれ以前から中風によって床に臥していて、不仲になった徒弟たちは別の寮舎に移っていた。夏屋は自分の持っている財宝を誰にも渡すものかといって大甕《かめ》を抱えこみ、蔵の中の財宝を取り出して焼いてしまった。この時煙が外に漏れたので弟子たちが行ってみると、盃・香合・緞子《どんす》・繻子《しゅす》・北絹・沈香《じんこう》などの財宝はみな焼けて灰になっていたという。

この狂態について、夏屋はかつて輪蔵《りんぞう》の中で侍者、沙弥《しゃみ》・喝食《かつしき》の三人を殺したという噂があり、その報いでこういうことになったのだろうと人びとは口々に語りあった。身体不随の夏屋は病床で財宝を気づかい、介護すべき弟子たちは長老に対する敬意を喪失している光景が目に浮かぶ。

長享《ちょうきょう》二年（一四八八）十二月には、夏屋の弟子である典座《てんぞ》が普広院で相弟子の浴主《よくす》を殺す事件があった。酒の上の口論の果てで、本人はいったん逃げたが翌日院に戻って、自殺した。延徳四年五月には、霖父《りんぽ》乾肖《けんしょう》という和尚が鉄槌《てっつい》で頭を撃ちくだかれ、同六月には、東福寺のふたりの僧が少年僧を争って、ひとりは少年僧を殺して自殺し、ひとりは逃げた。同八月には、平生から寺に居つかないでいつも刀を腰にさし、竿を肩にかついで鳥を殺して歩き回る破戒僧が殺されるという事件もあった。

禅林修道の荒廃

室町時代のこのころ、禅林の閉鎖的社会はたしかに腐敗し、ほころびが表面化して、人の口にのぼるほどになっていた。禅林の修道が弛緩《しかん》した部分では荒廃の雰囲気が充ちていて、とりわけて性にかかわる破戒の問題は、人の本能に深く根ざして長い時間を経て、ほとんど常態となっていたのであった。水上勉『一休』に、著者の禅寺における体験の細部が書かれている。

禅寺は、出身、境遇、性向、容姿も異なる子供が、童行、喝食《かつしき》、沙弥《しゃみ》、首座《しゅそ》と、年齢があがるにつれて役割を替えながら階級づけられ、同じ庫裡《くり》で暮らした。朝五時に起床、夜九時に就寝する日課をこなし、箸の上げ下ろし、掃除の仕方まで先輩の指導する規則ずくめの生活であった。

禅林は年齢より修行の日数を重視し、年上の者でも年下の先輩にしたがわなければならず、すぐれた後輩は鈍い先輩を抜いて階級を越えたが、それでも頭が上がらなかった。そこに緊張、衝突、あつれきが生まれた。

昼の屈折した気分が夜の性愛を濃縮し、十五、六歳の少年は、先輩から自慰を教わる。先輩の喝食、沙弥は、年下の喝食、童行に同衾《どうきん》を命じ、手淫を強制した。未発育な者と発育盛りの者が同居して、女犯を禁じ、外界から遮断される禅林の庫裡の閉鎖的生活と厳しい戒律の生活は、かえって性における破戒のよろこびを増した。

年少時代のこの習慣は、年長者と美少年の性愛として延長線上にあって、艶詩の世界は、そこに開いた陰花の痕跡である。艶詩は、幼少時代の経験の気配をとどめた。

この内情は、一休の時代にあっても同じであったと思われる。一休の性にかかわる詩群は、他僧の艶詩にくらべて、むしろ率直、赤裸に表現された。その率直が時代の水準をこえているために、自分の体験をそのまま告白したのであったのか、身辺の実際を借りて、破戒の群像を指弾しようとしたのか、あるいは破戒に誘おうとしたのか、その意図、詠詩の動機がわからず、そのことが一休の詩を難解にした。

多くの僧は、身の回りの風評を恐れながら、ところどころの破綻にもかかわらず、表面の淡白を装うことに腐心した。一休ではない僧たちの艶詩が示していることである。

たとえば、『臥雲子尺素《がうんしせきそ》』一冊（東京大学史料編纂所蔵影写本、三〇三四・八）がある。室町中期の学僧として知られた瑞渓周鳳《ずいけいしゅうほう》（一三九一―一四七三）が「子英少年」に宛てた艶詩十四通を集めたものである。臥雲子は瑞渓の雅号で、日記『臥雲日件録抜尤《がうんにっけんろくばつゆう》』（『大日本古記録』、昭和三十六年）がある。

瑞渓周鳳

瑞渓は、一休より二歳年長で、文明五年（一四七三）五月に没した。時代的背景は同じで、経歴は大いに違う。十四歳で相国寺に入り、十五歳で蘇東坡《そとうば》の詩を学び、十六歳で薙《ち》髪《はつ》し、十七歳で受戒し、十八歳で相国寺の侍者《じしゃ》となった。

図17　瑞渓周鳳（京都大学所蔵）

二十歳で『史記列伝《しきれつでん》』を学び、二十三歳で杜甫《とほ》の詩を学び、二十四歳で蘇東坡の詩を学び、二十八歳で奈良に遊学して戒律を学んだ。三十代には相国寺に居ながら建仁《けんにん》寺《じ》などに出入りし、江西龍派《こうせいりゅうは》の詩席に出たりした。

四十歳の時に、嵯峨《さが》西禅寺に居た南江宗《なんこうそう》沅《げん》と知り合い、数十首の詩を応酬した。南江は、一休と特別に親しく、のちに還俗《げんぞく》した人である。この人の影響は少なくなかったと思われる。

四十六歳で山城景徳寺《やましろけいとくじ》住持となり、少年時から師事した無求周伸《むきゅうしゅうしん》の法を嗣《つ》いで、夢窓《むそう》派の人となり、五十歳で相国寺住持となった。この前後に足利義教《よしのり》の帰依《きえ》を受けた。五十六歳で鹿苑院主《ろくおんいんしゅ》となり、僧録《そうろく》の任について、官寺の統括にあたった。

五十九歳から六十一歳まで杜甫の詩を講じ、六十六歳でふたたび鹿苑院主となり、この前後に足利義政《よしまさ》の帰依を受けた。六十九歳で足利義政のために『観音経《かんのんぎょう》』を講じ、七十一、二歳で東坡詩の抄を執筆した。七十四歳で足利義政より明《みん》国に遣わす国書の起草と、日本にまだ輸入されない書籍の目録を作ることを命じられ、七十六歳で外交文書の集である『善隣国宝記《ぜんりんこくほうき》』を撰した。示寂《しじゃく》したのは、八十三歳である。この間、作られた作品の数は多い。

瑞渓の艶詩

そのような経歴の人が作った艶詩である。ここでは、その中のひとつを紹介して、私に訳をつける。

(二)［十二］昨、足下曳風雅之杖于城西、以偸半日閑、予陪其後塵、吁、東野看長安一日花之意乎、於此村鐘喚晩、絮飛花落、及其緩々而帰、予牽衣一咲留玉趾於陋屋、卜日卜夜、寔壮遊者也、聊綴小詩以奉謝聖恩云（昨《さく》、足下《そっか》風雅《ふうが》の杖《つえ》を城西《じょうさい》に曳《ひ》き、以《もっ》て半日の閑《ひま》を偸《ぬす》めり、予《よ》その後塵《こうじん》に陪《ばい》す、吁《ああ》、東野《とうや》長安《ちょうあん》一日の花を看《み》るの意か、ここにおいて村鐘は晩を喚《よ》び、絮《わた》は飛び花は落つ、その緩々《かんかん》として帰るに及び、予衣を索《さが》し一咲して玉趾《ぎょくし》を陋屋《ろうおく》に留む、卜日卜夜《ぼくじつぼくや》、まことに壮遊なる者なり、聊《いささ》か小詩を綴《つづ》り以て聖恩を奉謝すると云う）、　臥雲子［印］頓首［印］

再渡の橋辺《きょうへん》遊事《ゆうじ》濃《こ》し　　再渡橋辺遊事濃
君と昨日吟筇《ぎんきょう》を曳《ひ》く　　与君昨日曳吟筇
釈迦院裏《しゃかいんり》に花を隔てて聴く　　釈迦院裏隔花聴

春の暮れ講じる時の村舎《そんしゃ》の鐘《かね》　　　　春暮講時村舎鐘

子英尊君足下

昨日、あなたは風雅の杖を曳いて洛西にお出かけになり、半日のゆったりした時間をたのしみなされ、わたしもそのお供をいたしました。唐の詩人孟郊《もうこう》の詠った長安《ちょうあん》一日の花を看るの気持ちでありました。村の鐘が夜を喚ぶかのようにはや日は暮れようとして、柳の花が飛んで散り終わるころ、帰り路につくにおよんで、わたしは衣をさがして身につけ、一笑してわたしの狭い住まいにお連れしました。そして昼夜のぶっ通し。まことにさかんなことでありました。詩をつくり、お礼を申し上げます。

ふたたび渡る橋のあたり、愛のいとなみは濃く、昨日はあなたとの道行きとしゃれて、釈迦院裏に花をへだてて、春の暮れなずむ村の鐘を聴きましたね。

序に見える「東野看長安一日花」は、唐の詩人孟郊の「登科後」と題して、「昔日《せきじつ》の齷《あく》齪誇《せくほこ》るに足らず、今朝の放蕩《ほうとう》思いははてなし、春風《しゅんぷう》意を得て馬蹄《ばてい》疾《と》く、一日看尽《み》くす長安の花（昔日齷齪不足誇、今朝放蕩思無涯、春風得意馬蹄疾、一日看尽長安花）」とある七言絶句の結句による。

孟郊（七五一—八一四）は、字《あざな》は東野、貞元《じょうげん》十二年（七九六）の進士《しんし》である。はじめは

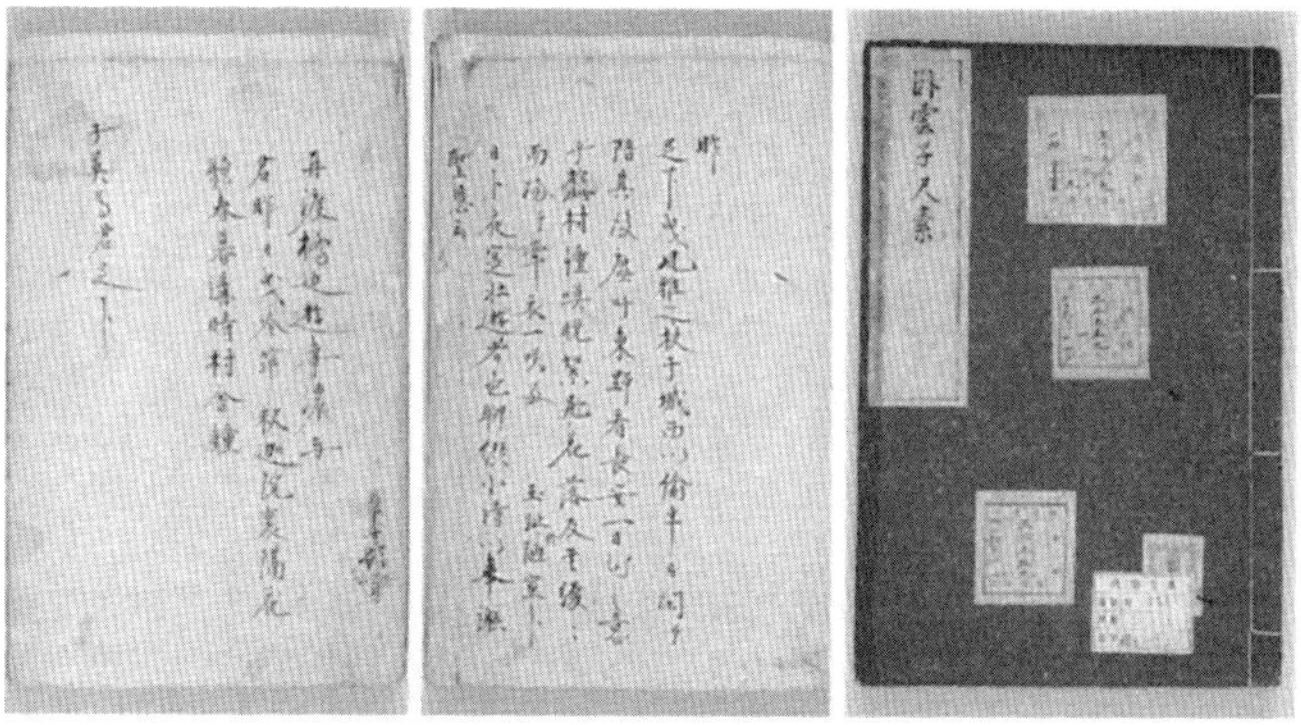

図18　『臥雲子尺素』(子英来翰集，国立公文書館内閣文庫)

河南省の名山である嵩山《すうざん》に隠棲していたが、母の命令で科挙《かきょ》に応じた。及第後は地方の官吏になったが、官僚の生活を嫌って、毎日酒を飲んで詩を作っていた。俸給は半額しか支給されず、貧乏に苦しみ、職を捨てた。韓愈《かんゆ》より年長だったが、その門下となり、韓愈の推挙でふたたび地方役人に任じられて、赴任の途中で死んだという。苦吟によって詩を作った人として知られる。

　この「科挙に及第したのち」と題する詩は、前野直彬《なおあき》訳によれば、「いままであくせくしたのは自慢にならぬ、今朝こそ浮き浮きと思いははてない、春風は心地よく馬の足どりも軽く、一日で長安の花を見つくそう」とある。

　孟郊の及第は四十六歳のことで、随分遅いのであったから、瑞渓周鳳の少年に対する恋情が遅い時期のものであったのならば、その感慨がこめられていたかも知れない。

序にあたるところは、手紙のようでもあり、ことのなりゆきをふたたびたどって、詩よりも作者のよろこびの感情を細かに相手に伝えている。

ひるがえって詩は、「遊事濃」という文字が思わせぶりなのをのぞけば、何のヘンテツもない、表面的な歌となっていて、交情の細部は文字の背後にかくされて当事者でなければわかりにくい。

瑞渓ほどに、学があり、詩文に抜きんでた人も、自分のこととなると、肝心の気持ち、才気は隠されて、凡庸とよんでもいい表現になった。この様子は、十九首の艶詩の全体についていえる。

瑞渓艶詩の伝来

引用した本文の上の数字は、『臥雲子尺素』東京大学史料編纂所蔵影写本の順番で、下の数字は国立公文書館内閣文庫蔵原本および京都大学蔵影写本の順番である。この数字が示唆するように、この艶詩群は、書かれた後に隠され、発見され保存され、二種の影写本が作られて今日に至るまで、複雑な経過をたどっている。

自筆原本は国立公文書館内閣文庫に所蔵されている。江戸時代後期の寛政十二年（一八〇〇）、幕府文庫の大量の蔵書に虫食いなどの被害が目立ったので、これを修復することになった。幕府文庫ははじめ慶長七年（一六〇二）に江戸城内に建設され、徳川家康は金《かね》沢文庫《ざわぶんこ》などの書籍を移し、二代将軍秀忠の代となった翌年、慶長十二年に家康が駿府城《すんぷじょう》に退居した後、江戸城中に文庫を設け、林道春《はやしどうしゅん》（羅山《らざん》）が管理した。同十九年には駿府の家康から貴重本三十部が江戸の文庫に移された。「駿河御譲本《するがおゆずりぼん》」とよばれ、文庫蔵書の基本となった。この年と翌年に大坂冬の陣・夏の陣があった頃のことである。その後蔵書も増えて、寛永十六年（一六三九）、城内に明治以後になって紅葉山文庫《もみじやまぶんこ》とよばれる文庫が造立され、組織も次第に整備された。

図19　成嶋勝雄墓（雑司ヶ谷霊園）

寛政八年（一七九六）、幕府は文庫蔵書の修補を命じ、調査すると総数一万八千冊があり、これを八年間で修補することを計画した。同十二年に書物奉行成嶋《なるしま》仙蔵《せんぞう》（峰雄《みねお》、のち勝雄《かつお》）が修補調査の間に、中国の正《せい》史《し》である古本『後漢書《ごかんじょ》』の表紙裏に古い筆跡の文書があることを発見して、調べてみると室町中期の足利義政・義尚や五山禅僧などの筆跡であることがわかり、これを保存するために軸装にした。これが『東山古《ひがしやまこ》文書《もんじょ》』二巻である。

この時、成嶋仙蔵が記した報告書『東山古文書証拠《しょうこ》』一冊があり、調査の経緯が書かれている。また別に、文化五年（一八〇八）に書物奉行に任じられた近藤《こんどう》重蔵《じゅうぞう》守重《もりしげ》がさきの駿河御譲本について作成した林道春の目録に、詳細な解題を加えた『御本日記《ごほんにっき》附注《ふちゅう》』がある。その中に『東山古文書』についての記述があり、二書の記事に差異する部分があるが、ともに貴重な報告である。これらの報告と文書発見の経緯、その後、現代になってからの関係文書の影写本の作成などについて、今は紹介する余裕がない。今泉「内閣文庫所蔵『東山古文書』小考―古本表紙裏から出てきた五山史料―」（皆川完一編『古代中世史料学研究』下巻所収、平成十年、吉川弘文館）を参看していただければ幸いである。

成嶋仙蔵は、調査保存にあたって、すでに用紙が切断されてばらばらになっていたのを何回も照らし合わせて意味が通じるようにした苦労を記しているが、その様子は原本の現況からもうかがえる。

大学頭《だいがくのかみ》林《はやし》述斎《じゅっさい》（一七六八―一八四一）を総裁として編まれた『徳川実紀《とくがわじっき》』は江戸幕府歴代の基本史料であるが、その編纂の中心となった成嶋東岳司直《もとなお》（一七七八―一八六二）は、仙蔵勝雄の子である。明治になって、「朝野《ちょうや》新聞《しんぶん》」で健筆をふるった成嶋柳北《りゅうほく》（一八三七―一八八四）は、その子孫にあたる。

その成嶋仙蔵の報告に、表紙裏から出た反古《ほご》の中に『東山古文書』としてまとめたのとは別に一群の古筆があることについて、「臥雲子といへる僧の子英といへる少年に与へし書牘詩篇廿五首」があって、これは成巻二軸とは別に保存したことが記されている。これが『臥雲子尺素』である。現在では二十五首のうち十四通十九首がのこっている。その全部については、右の小論に翻刻した。ここではその中の一通一首だけを紹介したのである。

この艶詩群が古本『後漢書』の表紙裏に入れられたのは、意図的なものではなかったかと推測される。本来ならば見つかるはずのなかった表紙裏があばかれて、そこからまとまって出てきたものである。改装されたのは室町中後期のことで、その当時はおそらくは作者の高名をはばかって、しかし捨てることも忍びがたくて、手沢《しゅたく》の古書の表紙裏に隠されたのであったらしい。

ここに、艶詩というものの宿命が象徴されている。艶詩の情は、伝えることを求めて、しかも隠されねばならないものであった。

艶詩を詠む禅僧たち

ほかに、たとえば大永《だいえい》年間（一五二一—二七）のころ、廷瑞《ていずい》という少年僧に宛てた艶詩をまとめる『艶詩《えんし》并《ならびに》諸書《しょしょ》抜粋《ばっすい》（仮題）』と題する写本一冊（東福寺霊雲院蔵）もあり、活字になっていない艶詩でまだ世に知られていないものは少なくないだろう。

たとえば、長享二年（一四八八）の暮れから正月にかけて、当時評判の相国寺の秀峯《しゅうほう》少年に充てた艶詩の一群がある。秀峯少年の「四海九州《しかいきゅうしゅう》春の一時、氷《こおり》は泓《きよ》く筆を漬《つ》けて暁《あかつき》の風が吹く、将軍の塞外《さいがい》に弓を掛《か》ける日、花自ずから顔を開き柳は眉《まゆ》を展《ひら》く（四海九州春一時、氷泓漬筆暁風吹、将軍塞外掛弓日、花自開顔柳展眉）」という試筆詩に対して、その「時・吹・眉」の韻をふんで、多くの僧が詩を詠んだものである。

禅林には、「試筆《しひつ》」とよんで、まだ未熟の僧が正月のはじめに詩を作り、周辺の人びとに示して、添削やら賞賛やらを受ける習慣があった。下に引くそれらの詩はいわゆる艶詩とは動機を異にするが、長老たちは少年僧に対してそれに似た状況を想定して贈る詩のかたちとなり、艶詩に近い表現となっている。この中には、実際に相愛の関係にあったらしき僧の姿もちらついている。

亀泉集証《きせんしゅうしょう》は「春鐘一撃《しゅんしょういちげき》して花出る時、始めて覚る天香《てんこう》の袂《たもと》に入りて吹くを、深く省《せい》す楼東《ろうとう》に相送るの後、夢に迷う繊月《せんげつ》の美人の眉（春鐘一撃出花時、始覚天香入袂吹、深省楼東相送後、夢迷繊月美人眉）」（『蔭凉軒日録』同年正月九日条）と詠じ、

春の花咲くころ寺の鐘が打ち鳴らされて、はじめて天からの香りが袂に入るのに気づきました。楼の東でお別れした後、しみじみと想いを噛みしめました。あなたの三日月の眉が夢にちらつきます。という。

彦竜周興《げんりゅうしゅうこう》は「君が家に来往するはすべて時ならず、この心は恰《あたか》も窃《ひそ》かに竿《さお》を吹くに似る、社中我もまた陶潜《とうせん》に半ばし、夜外の鐘声断眉《しょうせいだんび》を皴《しゅん》す（来往君家捴不時、此心恰似窃竿吹、社中我亦陶潜半、夜外鐘声皴断眉）」（『半陶文集』二）と詠み、

あなたの家をお訪ねするのはいつも思いがけない時のことです。その気持ちはまるでひそかに笛を吹くときのような気持ちです。あの陶淵明《とうえんめい》は「帰去来《ききょらい》兮の辞」に「人に勧められて役人になったが、着任してすぐに官を辞して家に帰りたい気持ちが起きた。自分の本性を曲げても励む役人の習性に染まっていなかったからだ」と詠み、「園田の居に帰る」の詩に「田舎に住んでいると、世間とのつきあいが少ない。そのうえ、わが家は狭い路地の奥にあるから、やかましい音を立てて訪ねてくる馬車もない」と詠みましたが、禅林の内の私の気持ちもそれに近いのです。あなたも夜に外の鐘の声をお聞きになってはくっきりとした眉をひそめておられることでしょう、という。

横川景三《おうせんけいさん》は「君が家に来往して歇《やす》む時無く、夜雨に堪えず床《とこ》の傍《かたわ》らに吹く、袈裟《けさ》の影は硯池《けんち》の水に落ち、花もし情あらば吾れ眉を染めん（来往君家無歇時、不堪夜雨傍床吹、袈裟影落硯池水、花若有情吾染眉）」（『補庵京華集』上）と詠じ、

あなたの家を訪ねてゆっくり休むこともなく、夜の雨を聴く時はたまらなく寂しくて床の傍らで笛を吹きます。修道の袈裟は脱ぎ詩歌の硯をもっぱらにしていますが、花に情け

があるものならば私も眉を染めてお会いしたいものです、という。

景徐周麟《けいじょしゅうりん》は「強いて君が催《もよお》しにこうむり句をもとめらるる時、硯塵《けんじん》は先ず案頭《あんとう》に向かつて吹く、病来自覚す春と隔つを、看柳看《かんりゅうかん》花《か》眼は眉に似たり（強被君催覓句時、硯塵先向案頭吹、病来自覚与春隔、看柳看花眼似眉）」（『翰林葫蘆集』六）と詠み、

あなたが詩宴のためにしいて句を求められるのならば、さて私は硯の塵を机の前で払うことにします。病気以来春の景色から遠ざかっているのを自覚しています。柳や花をみるあなたの眼は眉のようにすっきりとしておられることでしょう、という。

月舟寿桂《げっしゅうじゅけい》は「春色《しゅんしょく》の行楽何《こうらくいず》れの時をか待ち、風雨蕭々《しょうしょう》として連夜に吹く、聞くなく花を養うは遅日《ちじつ》の暖、春愁《しゅんしゅう》点じて双眉《そうび》に上らず（春色行楽待何時、風雨蕭々連夜吹、聞説養花遅日暖、春愁点不上双眉）」（『幻雲詩藁』二）と詠み、

春の花見の行楽はいつになることでしょう、風雨が音をたてて連夜に吹き荒れています。花は日の暮れるのが遅くなり暖かくなってから育つといいます。春を愁うるものうい眼差しが眉に漂うにはまだ間があることでしょう、という。

ここに名の出る人びとは、亀泉は蔭涼軒《いんりょうけん》主として禅林管理の中枢にいた人であり、彦竜・横川・景徐・月舟は、少しずつ年齢は違うが、この時期の詩文世界ではほとんど頂点にいた抜群の人びとである。人びとのすべてが、本気になって秀峯に心酔していたのでは

なかっただろうが、少年に対する艶詩の擬態をとったものである。「吹」の文字にわずかに少年愛の香りをとどめた。

亀泉はその日記『蔭涼軒日録』で、汝雪法叔《じょせつほうしゅく》は、詩会に招かれたが他に用があるといって出席しなかったが、三十首も和した人があって、「蓋匿念者之故」（想いを匿して）のことであり、隠せばかえって露わるる底のことで、名が秘されたこと、詩の数からいっても、当時少年との間が噂された法叔ではないかと推測している。

亀泉の日記は、長享二年の暮れ、翌正月、五月、六月条にもこの応酬《おうしゅう》のことにふれ、相国寺僧は五十首、南禅寺は十五首、天竜寺は二十七首、建仁寺は二十首、東福寺は十首あり、総計百二十二首に及んだこと、法叔と推測された人のほかに、彦竜は二十八首を詠じ、『鹿苑日録』長享三年元旦条によれば、梅叔法霖《ばいしゅくほうりん》は二十八首詠じた。規模の大きな詩宴であり、少年にたいする宿老たちの愛着が一気に披露されて、中でも法叔の執着が噂されたのである。

三益永因の艶詩（1）

やや後のことになる永正頃（一五〇四―二〇）の建仁寺の僧である三益永因《さんえきえいいん》の場合は、艶詩の専門家と評される人であり、この分野での活躍がめざましい。三益は雪嶺永瑾《せつれいえいきん》の法嗣《ほうし》で、艶詩の集として『三益艶詞《さんえきえんし》』（『続群書類従』第十三輯上所収）は名高い。

その中からいくつかの例を引いて、当時の艶詩の典型をみる。

（一）　あやしい詩を春風そよぐ――佳丈に捧げる、紅渦と題して（狂斐一章、奉献――佳丈春風帳下、紅渦）

竹葉羊車《ちくようようしゃ》帳[悵カ]望長《なが》し、君門《くんもん》独り立つ幾斜陽《いくしゃよう》、多情はただに人間《じんかん》の事にあらず、三月の風前に花もまた狂う（竹葉羊車悵望長、君門独立幾斜陽、多情不啻人間事、三月風前花亦狂）

　竹林を行く小車に乗る人の嘆き悲しみはすでに長い。あなたがひとり門に立つのを眺めて幾日もの日が経った。恋情は人間のことにかぎらないのです。三月の風吹く日には花も狂うのです、という。

（二）　四月三日の夕べ――仙丈より手紙のお呼びがあり、往きてその末席に侍した。その恩愛はいつもよりはるかに深かったので、うれしさの余り、詩を作り、真心の万分の一を申し上げる、と云う（孟夏第三之夕――仙丈有折簡呼、往侍其席末、恩情倍常、踏舞之余、詩以致謝忱万乙云）

　覚えず百年の生に涯なしと、歓談手をとりて無邪を思う、満園の紅紫《こうし》は新緑に変わり、人はただ長春月々の花たり（不覚百年生有涯、歓談把手思無邪、満園紅紫変新緑、人只長春月々花）

思いがけなく百年の生涯も尽きることがないほどに、よろこび語りあい手を取りあって真心を打ち明けました。庭に咲くたくさんの花は新緑となりましたが、長春樹《ちょうしゅんじゅ》が四季にいろいろ花の色を変えるように、人もまたそのときどきのよろこびを手に入れるのです、という。

(三)　つたない詩を――青年閣下に捧げ、昨夕の恩情にお礼申し上げます、と云う(野詩一章、謹奉呈上、――青年閣下、謝前宵恩賜云)

待ち得たり暮楼《ぼろう》の鐘《しょう》鼓《こ》沈み、君と手をとり胸襟《きょうきん》を説く、誰か知らん残暑《ざんしょ》の人夜《じんや》をそこなうを、氷雪肌膚《ひょうせつきふ》もて心を語りあわん(待得暮楼鐘鼓沈、与君把手説胸襟、誰知残暑毒人夜、氷雪肌膚晤語心)

待っていたかいがあり、日暮れて楼の鐘が見えなくなるころ、あなたと手を取りあって胸の内を打ち明けることがかないました。残暑の夜は過ごしにくいものです。そんな夜は冷たい人肌を寄せあって、心を語りあいましょう、という。

(四)　野詩一章もて――佳丈《かじょう》の昨夜の恩遇《おんぐう》のもてなしに酬《むく》い奉る、たとえ千万の言を着《ちゃく》してその謝《しゃ》を致すとも(どれほど多くのことばを尽して礼を申上げても)、実に一毛を九牛《きゅうぎゅう》にすすめるものならんや(微々たるものにすぎない)、しかれども詩を言わざるは、すなわち叢社《そうしゃ》(禅林)の恒典《こうてん》(規則)に違《たが》う、これを廃すべからず、この故《ゆえ》に

これを書す（野詩一章、奉酬――佳丈昨夜恩遇之腆、縦着千万言致其謝、実一毛侑九牛者邪、然而不言詩、則違叢社恒典、不可廃之、是故書焉）

黄葉《こうようとばり》帷に投げてこおろぎ床に近く、秋来《しゅうらい》の事々人腸《じんちょう》を断つ、ただ一笑をたよりに君が手をとり、万斛《ばんこく》の牢愁《ろうしゅう》を穀羊《こくよう》にかくす（黄葉投帷蛩近床、秋来事々断人腸、只縁一笑把君手、万斛牢愁蔵穀羊）

黄葉が帷に降りこおろぎが床の近くにいる秋になって、このごろのいろいろの事が人にこらえきれない悲しみを与えています。その中であなたの笑みを心のたよりに手をとって、年わかいめしつかいに大きな愁いをまぎらわすのです、という。

（五）古く叢林に密かに取りかわす者は、往くも来るも、その遭《あ》いあうや一宵《いっしょう》に終わるあたわず、昏鐘《こんしょう》の鳴るより一更《いっこう》に至るを期となす、このごろ吾山落莫《ごさんらくばく》して、かの更籌《こうちゅう》を報ずるの職を廃することひさしくせり、この故に或るは往きて華席《かせき》に侍し、或るは来たりて篳門《ひつもん》を過《よ》ぎりて、談笑の間、夜の如何《いかん》を知らず、往々にその期を失するに至り、頗《すこぶ》る以て恨みとなす、ちかごろ函丈老師《かんじょうろうし》行僕《こうぼく》に命じてこれを督《とく》し、再び典《てん》を復旧するを得たり、（略）昨夕――髫年《ちょうねん》の高軒《こうけん》を過《よぎ》るを辱《かたじけな》うす、帰る時に忽ち鼓声を聴く、すなわち更の一なり、掣電《せいでん》の一歓、実に惜しむべきといえども、叢社の旧礼によるはまた悦《よろこ》ばしからずや、その翌夜短札《たんざく》を袖《そで》にして、閣下《かっか》に詣《けい》し以て拝謝す、

詩に曰《いわ》く（古叢林密取交者、于往于来、其遇合也不能終一宵、自昏鐘鳴至一更、為之期、比年吾山落莫、彼報更籌之職、廃者尚矣、是故或往而侍華席、或来而過篳門、談笑之間、不知夜如何、往々至失其期、頗以為恨、頃函丈老師命行僕而督之、再得復旧典、（略）昨夕辱──髫年高軒過、帰時而忽聴皷声、則更之一也、掣電一歓、実雖可惜之、攀叢社旧礼者、不亦悦乎、其翌夜袖乎短札、詣閣下以拝謝、詩曰）、

長い序なので、おおよその意味をたどっておく。昔、禅林の中でひそかに交情を交した人たちは、その出会いを夕べの少しの時間で終いにすることができないで、暮れの鐘から夜の七時、九時にまで至るのが普通でした。このごろは禅林が衰微して、時刻を報ずる職を廃止して久しくなります。そのために、出かけて行って恋する人と席を同じくし、あるいは粗末な門を通りやって来て、談笑する間、夜が更けたかどうかがわからないのです。しばしば戻る時間を見失って、恨んだりいたします。それでちかごろ、和尚が召し使いに命じて、時刻を報ずるように督促して、もと通り規則が回復するようになりました。（略）うれしいことに、昨夕は──少年の部屋を訪ねることになり、帰る時に、不意に太鼓の音が聞こえました。それが夜七時の知らせです。歓びの時間が短いのは本当に惜しいのですが、禅林の旧い規則が回復するのはよろこばしいことです。その翌日の夜に、短冊をふところにして、あなたのところに伺い、

前夜のお礼を申し上げる次第です。その詩に曰く、という。

昨夜高軒をよぎり、電歓《でんかん》情をつくしがたし、はしなくも我が耳をいましむ、鼉鼓《だこ》（ワニ皮で作った太鼓）一更の声（昨夜高軒過、電歓難尽情、無端砭我耳、鼉皷一更声）

昨夜はお部屋にうかがい、短い時間でしたが、歓びの気持ちは尽くしがたいものがありました。予測だにしなかった太鼓の音が時刻を告げて、私の耳に入り、戒められたのでありました、という。

三益永因の艶詩（2）

（六）　昨夕――尊君の左右を扣《たた》く、左右はすなわち君に聞く、君卒然《そつぜん》として相い迎う、恩情浅からず、実に不意の中の不意に出るものなり、竹話梅《ちくわばい》談《だん》、歓《かん》を尽《つ》くして帰る、時に蕭然《しょうぜん》として吟興《ぎんきょう》懐《ふところ》に溢《あふ》れ、忽ち小詩を得たり、その明くる日これを記して、以て左右に献上して云う（昨之夕扣――尊君左右、々々乃関（聞カ）于君、君卒然而相迎、恩特（情カ）不浅、実出乎不意之中不意者也、竹話梅談、尽歓而帰、于時蕭然吟興溢懐、忽得小詩、其明日記之、以献上左右云）、

昨夕は━尊君の側近の人びとをたずね、人びとはあなたに都合をお聞きしましたが、あなたはすぐに私を迎え入れてくださいました。その恩情は深いもので、まことに思いもかけないことでありました。いろいろと話がはずみ、すっかりうれしくなって、私は帰ってまいりました。その後、寂しくなって、詩を詠みたいという想いが胸にあ

ふれ、たちまち詩が出来ました。翌日これを書き写して、側近の方にお渡しいたします。その詩にはこういうものです、という。

深宮《しんきゅう》に召し入らる恩私にあり、帰らんと欲しただ別人の知るを恐る、蕭然たる一雨これ天幸《てんこう》、履《くつ》もまた声せず沙湿《しゃしつ》の時（召入深宮恩有私、欲帰只恐別人知、蕭然一雨是天幸、履亦不声沙湿時）

人の容易には入ることのないお部屋に召し入れられましたことを感謝申し上げます。帰ろうとした時、私はひたすらそのことが他人に知られることをおそれました。帰り道に雨がひとしきり降ったのは天の恵みでしたし、地面が湿って足音もしなかったのです、という。

（七）四月六日の夕べ――詩伯《しはく》の床下《しょうか》に詣《けい》す、帰る時杜宇《とう》（ほととぎす）の一声雲を掠《かす》めて過《よ》ぎる、感懐余りありて作る（孟夏第六之夕、詣――詩伯床下、帰時杜宇一声掠雲而過、感懐有余而作）

須臾《しゅゆ》に手をとり話は多情、初月《しょげつ》の朦朧影《もうろうかげ》すでに傾く、一段の傷心は暮雲《ぼうん》の外《そと》、帰去するにしかず杜鵑《とけん》の声（須臾把手話多情、初月朦朧影已傾、一段傷心暮雲外、不如帰去杜鵑声）

わずかな時間の間、手をとっていたしましたお話は情愛のこもったものでした。新月のぼんやりした明かりは傾いていて、暮雲を掠めて去ってゆくほととぎすを見ていますと心の傷はいや増してまいります。ほととぎすは「不如帰」と書くといいますが、その声を聴いては、思い切って帰去するに如《し》かない、ということですね、という。

（八）　それ叢林密契《みっけい》の徒は、毎歳《まいとし》必ず星節《せいせつ》を以て合歓《むつびあい》の夕べとなす、蓋《けだ》し西牛東女《さいぎゅうとうじょ》遇合《ぐうごう》の時をとるなり、予――佳丈の末契《まつけい》を忝《かたじけ》なくすること、ここに三周《しゅう》す（夫叢林密契之徒、毎歳必以星節為合歓之夕、蓋取西牛東女遇合時也、予忝――佳丈末契者、三周于茲、……）

禅林でひそかに契る人は、毎年かならず七夕の夜をむつびあいの夕べとします。彦星と織女星にあやかって逢い引きの時とするのです。私は――佳丈とうれしくもちぎりを結ぶようになって、三年になります、として、

君と一たび交りを執り、すでに三星節《せいせつ》を数う、両節の巧《たく》みは相違し、今始めて磁鉄《じてつ》を約す、今はこれ昨と非なり。心事《しんじ》の解《と》かること雪のごとく、鵲橋《じゃっきょう》は曙天《しょてん》ならんと欲す。牛女《ぎゅうじょ》は一年別れるに、君の寵《ちょう》の頻繁なるを喜び、幾回も車轍《しゃてつ》を枉《ま》ぐ。露下に蔕蓉《たいよう》を並べ、地上に綿瓞《めんてつ》を連ぬ。仁靄《じんあい》の雲未《いま》だ多からず、聖涯《せいがい》の海は何ぞ竭《つ》きん、聊《いささ》か謝忱《しゃちん》を抒《の》べんと欲するも、我に張儀《ちょうぎ》の舌無し（与君一執交、已数三星節、両節巧相違、今始約磁鉄、今是与昨非、心事解如雪、鵲橋欲曙天、牛女一年別、喜君寵頻繁、幾回

枉車轍、露下並蔕蓉、地上聯綿瓞、仁靄雲未多、聖涯海何竭、聊欲抒謝忱、我無張儀舌）

あなたと交わりを結ぶようになってすでに三年になります。二度の七夕はあまりうまくゆかず、今年はじめて、磁力の強い鉄が引き合うように、しっかりと結びあうことができました。今年は去年とちがい、心が打ち解けることは雪のようです。七夕の夜、織女星が鵲《かささぎ》に天の川に橋をかけさせてわたるという伝説がありますが、そのかささぎの橋が明け方の空にかかるような気がします。織女星は一年も別れているというのに、私はあなたの寵愛がしきりなのをよろこんで、何度も車でうかがいます。露下の芙蓉と地上の綿の花は、ともに一日でしぼむといいます。いつくしみの雲はどれほど集ってもまだ足りませず、慈愛の海の涯《はて》は尽きることがありません。少しばかりのお礼を申し上げようと思っても、私にはあの弁舌をもって自信をほこった張儀のような舌がありません、という。

艶詩の作法

ここまで紹介して、三益の艶詩のおおよそは知ることができる。『三益艶詞』には、数え方にもよるが、約百九十五の題があり、同じ題で数首の句を詠むのもあるので、それを上回る作品が収められている。詩の性格を考えれば圧倒的な数である。三益は、当時の禅林にかくれもなかったこの分野に、何の疑いも抱かなかったように見える。その土壌の上で思い存分に詩才をふるったのである。

短い序のあるもの、長い序のあるものが混在していて、その形式は瑞渓の場合に似ている。瑞渓の方は、自署があり、原本の体裁を示している。三益の方は、贈った相手の名は伏せられていて、序に詠詩の動機が明示されている。

一集は、艶詩の調子と艶詩を作る動機が多様に用意されていて、どの動機の場合にはどのようにその動機を書いて、詩のことばはどういうものを用いるかもわかりやすい。おそらくは、こうしたかたちが定着していて、禅林の艶詩の手本として、公然と伝えられたのであったことが推測される。いわば、艶詩の教科書のようなものであった。

あえていえば、これらの詩の質は、ことばに常套表現の靄《もや》がかかって、儀礼的でさえある。情念の細部は背後にかくされて、表面化した文字は常識的な表現となっている。むしろ序の方が、時には微細に書かれて、関係の私的事情が示されていることが多い。『三益艶詞』では、相手の名が――で隠されて、そこに誰の名が入れられてもよいように工夫されている。同時代の人びとにとっては、誰に充てたものであることが知られるのであったかも知れないが、便利にされるうちに、それらの名は消えて、類型が浮き彫りにされた。

相愛の私的内実が公界にひきずり出されて、どこにでも誰にでもある事柄にされている。秘すべきものが、汚されているといってもよいが、相愛にも礼が要るのであれば、作法に習熟することが求められ、その習熟のための手引きとして、むしろ常套的であるところに、この一集が手本にされた理由があったと見える。他僧の艶詩も、これに形式と調子が似て近い。

一休の艶詩

一休詩の異質

一休の場合は異質であった。一休詩には、その土壌に狎《な》れきった常套的な詩法をさらに深く赤裸に掘り下げる気力がある。あるいは、そこにあった（かも知れない）事柄を詩として放つのをさまたげる、世間の思惑に対するこだわりがない。ことばが詩になるために不要なものを捨て去った気配である。そのことは、すでに述べた一休の破戒、婬坊《いんぼう》、艶詩に共通するもので、とりわけて森女《しんじょ》を詠った作品はその端的な例である。この落差が一休詩の個性である。

修道における破戒は、ひるがえってみれば、すべて在俗者にとっては人間の自然であり、修道者は、この自然を抑制しなければ、所期の目的を達せられなかった。

経典公案《こうあん》を道標として目的となった持戒《じかい》は、修道における破戒を威喝《いかつ》した。威喝を畏れる意識は、部分的な破戒に慣れようとし、あるいは敗着してこれを無視した。修道者は当《とう》為《い》（あるべきこと）として、在俗信者は俗にありながら法の世界の真実を手に入れるために、それぞれの真と俗を生きた。経典に引導されることを立て前としながら、実際にはほとんど経典を無視して、戒の持と破の対立をあいまいにした立場もあった。現実を生きる者の生理である。

森侍者《しんじしゃ》の詩をふくめて、愛と性をうたう一休の文字列が艶であるのを、破戒とよぶのであれば、破戒はすでに禅林の通態となっていて、ことさらにそれと名指しするには持戒との結界は衰えていた。にもかかわらず戒は体制化されて破戒を抑圧する常識は存在していた。その常識に対して、一休の艶詩は、新天地をこじあけてみせているのである。

森女の詩も、書かれた文字列は、そのかぎりでは、とくに難解ではない。ただ一休の詩はその当時の五山詩の基準、たとえば他僧の艶詩とくらべても、その水準をこえている。そのことが、逆転の気分を醸していて、本当は違うのだよ、そういう一休の呟きが聞こえそうな気がする。

詩の虚実

森女の詩のこの感触は、他の詩についても連鎖してゆき、それらの全体についても、虚と実を思わせる。『狂雲集《きょううんしゅう》』は、陽として修道の正道を告げる偈頌《げじゅ》と、陰として破戒の道をゆく婬坊、艶詩といったたぐいの詩が混在している。正にしている。

と負とよぶのであれば、負のことばが読者の眼を打つことになり、不意の印象を強いもの

そこで、作詩の動機を見失うのである。書かれてあることは本当のことだったのか、想像されたことなのか、本当であったとして、それは一休自身のことなのか、別の世界のことなのか、一休はなぜこの詩を書いて門人と後世にのこすことを選んだのか。読者は困惑して、その読み方を見失うのである。難解というのは、そのことである。

たとえば、森侍者を詠んだいくつかの詩をどう読むかについて、ふたつの立場がある。ひとつは、それを現実にあったことの写実であるとみて、そこにある文字にこだわる読み方である。

もうひとつは、写実ではなかったとみる読み方で、しかしこの立場は、なぜそうでなかったのかを、はっきり説明できないでいる。

たとえば「中世宗教の解体期にたつ一休」(『新撰日本古典文庫5　狂雲集別冊』昭和五一年九月、現代思潮社)という対談の中では、次のように語られている。

(山折哲雄氏)「かりに森侍者にまつわる事柄がもし事実あの通りだとすれば、その辺もやっぱり事実と認めなきゃならないのかどうか。だけどあれ全部を事実と認めるのは、どうもぼくは無理があるような気がするんですね。」

（中本環氏）「あれをそのまま私生活における事実だと、赤裸々な告白というふうには、ぼくはまず取るべきじゃないだろうと思うんですがね。やはり堅物の前には、そういう官能の喜びも、これも人間だというふうに示したものだと思います。これが人間のありのままの姿だと。だから、愛欲のただれの中から赤裸々な告白をしたというふうなことではないとおもうんですね。やむにやまれずこういうふうに告白したんだということじゃなくて、こういうものも人間の大問題だぞというふうに出してるところがある。そういう点から見れば、表現されたものはひじょうにものすごいですけれども、事実としてはそこには教育的意図があるから、実はもう少しつつましやかな愛情関係といいますか、そんなものだったんじゃないかと思うんです。」

（森秀人氏）「一休の狂詩の自然さというようなものは、どこからくるかというと、やはり一休宗純八十八歳の生きざまの結実でしょうね。人間がだんだん不純物を自分から取り去っていって最後に残った世界があれだったのでしょう。」

あれなのか、あれではないのか。その「あれ」の部分にあてることばを探しあぐねている様子は、一休に関心をもった人のだれもが経験するところであろう。それは、一般に詩のことばが随意の読み込みを許すために難解な表現になるのとは異質のものであって、一休詩の表面はむしろ率直で明解である。率直明解であるにもかかわらず、作者の意図がつかめない。そこに難解さがある、という性格の宿題である。

さきに、一休の詩は、読者に詠詩の動機を見失わせる、と言った。それが「かも知れない」の意識となる。この「かも知れない」の呪縛から解放される方法があるだろうか。

そうであり、そうでない世界

われわれは、一休の詩、とりわけ森女の詩を前にして、ことばを失ってすでに「不二」の世界の入り口にいる、そのことを意識にのぼせればよかったのである。

一休は書いた時に、禅林で評判にされるはずのこととして、すでに読者の反応を予測していたであろう。そして実と虚のいずれでもあり、いずれでもない、「不二」の世界に読者を案内する。そういう詩の世界を展開した。そのように思い直すところに、活路があるのではなかったか。

実際であるならばそれもよし、仮構であるならばそれもよし、そこにあるものをそのままに享受する。それがあるべき対応であった。これまでの読み方は、そのいずれであるかにこだわりすぎていたと思う。われわれは虚と実から二者択一する「二」の世界に、住みなれているからである。

一休の詩を、ただ、「不二」と「方便」をたよりに、そのあるがままに、であるかも知れない、ではないかも知れないものとして、眺めるのである。

本書の冒頭に立ち戻る。門人たちは師の生涯に連れ添って、『維摩経』の「不二法門」と「方便」の思想が、一休の生涯の基調であることを納得した。『年譜』の著者は、それを示唆するために、一休の修道の出発点にあたる応永十二年条に、さりげなく『維摩経』の名を掲げたのである。

そこにあったこと――エピローグ

一休とは何か

修道者の非道を行ずる自由が「逆行《ぎゃくぎょう》」であるとして、一休は逆行の人であり、『狂雲集《きょううんしゅう》』は逆行の告白に充ちている。酒肆婬坊《しゅしいんぼう》にいざない、自らの乱行を臆面もなく披露した。他方で一休は、禅林権威の似て非なることを糾弾し、絶法を宣言したのであったから、ひとつの人格における両面は、逆行が絶法の覚悟に裏打ちされて意図されたのであったことを意味するだろう。ふたつを分裂したままで理解することはできない。これを支えたのが『維摩経《ゆいまきょう》』であったとみるのが本書の主眼である。

室町時代の禅宗は、『維摩経』の本来の言説をそのまま伝えていなかったとされる。大《だい》乗《じょう》仏教全体の基調としてすでに「空《くう》」の思想があった。とくに中期以後の大乗仏教において、それ自身で存在する実体は否定され、認識されることが存在することとされたものは、実はその実体性を欠く「空」であるとされた。「空」は、否定の認識である「無《む》」をも拒否して、有無を越えるとされた。このインドの「空」思想は、初期の中国仏教にあった、万物は有から生まれ、有は無から生まれるとする思想の洗礼をうけて、「無」は「空」「不空」をこえた絶対的なものと理解されるに至った。「無」を重視する中国・日本の禅は、その系譜をうけたものである。

すべての存在は「空」であるとする空観《くうかん》、本質的には実体のない「空」ではあるが、精神的なはたらきをふくめていろいろな原因や条件によって生じる現実に眼を向ける仮観《けかん》と、その上にある中《ちゅう》観《かん》を並べて、空《くう》仮《げ》中《ちゅう》の三観《さんかん》のうち、『維摩経』は思想的には空観をうける、とされる。維摩の「不二《ふに》法門《ほうもん》」における「一黙」はドラマチックな場面として『碧巌録《へきがんろく》』の公案《こうあん》となり、禅の話題として室町時代の禅林に迎えられたのである。

一休もまた、そのころに禅の経として理解されていた『維摩経』から深い示唆を受けた。維摩は経の人であり、その明断と雄弁は経の世界のものであったから、現実社会の人である一休が自己の世界をきりひらくのは、容易なことではなかったはずである。

『狂雲集』に、維摩の名を出し、「不二法門」の文字を用いたいくつかの偈《げ》のあることは、さきに本文において確かめた。一休は文明六年の大徳寺入寺の時にも、「山門」「仏殿」「土地堂」「祖師堂」と題する短かい偈だけを残し、他僧のように長い散文の法語を残さなかった人である。これらの偈は、同時代の他の禅僧の維摩に対する関心と比べても、それだけで充分に、一休にとって維摩の存在が大きいのであったことを告げている。

市川白弦「一休とその禅思想」(『日本思想大系16　中世禅家の思想』解説、一九七二年)にならっていえば、維摩は、みずからが酒肆淫坊に入って酒に酔い、女犯《にょぼん》をなすのではなく、法敵を罵倒するのでもなかった。恋愛と性愛に身を焦がしたわけでもなく、相手は菩《ぼ》薩《さつ》たちであり、政僧、町人、傾城遊女《けいせいゆうじょ》ではなかった。一休のように、俗世の利欲によって頽廃する修道を歎くのでもなかった。現実の歴史から遊離して静臥する維摩の手は、汚れようがなかった。その「酒肆魚行」は、観念としての「酒肆魚行」であり、「非道を行ずる」も、理の世界の事柄でしかなかった。そこに一休と維摩の根本的な異質がある。

しかしその異質をこえて、一休は経を咀嚼《そしゃく》して実践にいかした。

実践するのに、一休の尽くした「方便《ほうべん》」の手法は、「玉垣居士」改名の一件や、最晩年に師の「疾」を計りかねて嗣法の再考を訴えた門人たちに対して、没倫紹等《もつりんじょうとう》がこれを「狂言」と言い切った一件に端的にうかがわれるものである。

絶法の宣言は、当時禅林の制度と慣例からすれば「異端」とよぶべき決意であり、一休は禅林の腐敗を嫌い、これに順応する道を捨てた。そのことが門派の孤立を招くのであっても、たとえば「親子約」などの方便によって乗り切った。

無我の希求が修道の表看板であるとすれば、一休はむしろ自我をつらぬいた人であった、といってもいい。あるいは、その自我は、腐敗した制度と因習に順応するには大きすぎた。生涯はほとんど「反対」の意思表示であり、抵抗の軌跡である。困難な境地をきりひらくために、どれほど多くのものを一休が捨てたのであったかを思う。その背後にあって孤立を支えたのが『維摩経』であったことに気づくのである。

一休はたしかに維摩の「不二」と「方便」を意識していた。本文ではそのことをくりかえして述べた。一休はそれを意識したことについては黙して、それが維摩の不二法門であるとも、方便であるとも、説明することをしなかった。ただ黙って行動し、詩を示した。「維摩詰黙然無言」の実践である。

行動は常識をこえ、詩は時代の水準をこえて美しく、その示し方が無作意にみえて、おそらくは当時の人びとにとっても不意のことであり、現代の私たちもそれに目をうばわれて、背後にあったものを見失っていたのである。そこに一休と『狂雲集』の本当の難解さがあった。

大事なことは、一休が『維摩経』に精通して、そこに書かれてあったことをたくみに詩偈に引用したということではなくて、「不二」と「方便」を維摩さながらに実践したということである。一休は維摩を生きたのである。

「不二」と「方便」の視点を入れることで、一休の行動は新しい様相を帯びてくる。少なくとも、『狂雲集』の一群の詩について、これまでの解釈とは異質の世界が見えてくる。

不二法門に入る

一休は、あえて逆行の身をさらして、ひるがえって修道の核心を示唆することを意図した。「不二」の世界に入りきったのであったかどうかは、門外漢に見切ることのできることではない。限りなくそこに近づいたのであったらしいことを窺うのである。

「一休とは何か」の「何」にあたる端的なことばにたどりついたのであったろうか。「何」のすべてを「である」で語ることはできない。たとえば『碧巌録』の「維摩不二法門」における「維摩の一黙」の公案に私が答えをだすことはできない。ただ「不二法門」の残像として、一休があれとこれを対置するかにみえて、その真意は、「二」を突き抜けて「一」に至る、あれでもありこれでもあり、かつあれでもなくこれでもないことを提示するのに、あるいはあったことなかったことをないまぜにして、「不二」の問いを突きつけるのにあったらしいことを推しはかるのである。たとえば森女図と森女詩などは、この視点を導入することでわかりやすくなった、と思う。

「逆行」について、「酒肆婬坊」「美人」など、詩に表れた文字に注目したが、あらためてそのすべてを確かめることはしなかった。あるいは、波乱にみちた生涯の軌跡を時間列にしたがってたどることもしなかった。行論の要所において背景に言及するにとどめた。一休は絶法の覚悟にたどりついて、それをテコにして、形骸化しようとする禅林のあり方を身をもって批判した。破戒と絶法は極限的な配置であり、ともに月並みの持戒をこえる根本的な「自戒」につながった。一休の軌跡に同時代余人の及びがたい真摯の求道が貫かれていたことを伝えるものである。

「不二の法門」における「あれでもあり、これでもあり」「あれでもなく、これでもない」の「二ではなく一である」の思想を端的に表現したのが、たとえばさきにみた「維摩居士図」の存耕祖黙賛の「真俗不二」という文字であったことから想起することがある。

渡唐天神神話

渡唐天神神話は、菅原道真が宋の仏鑑禅師《ぶつかんぜんじ》無準師範《ぶじゅんしばん》に参じて法衣を授けられて帰国したというもので、応永年間のはじめごろに、ほとんど突然のように生み出されて、またたく間に禅林に伝わり、多く語られ、多くの図像が描かれて、その後近世まで流行した。渡唐天神像の図柄は、正面立像の頭に幅巾を被り、両手を胸の前で重ねあわせ、無準から受けた法衣をしまう衣嚢《いのう》を腰につけ、一枝の梅花を袖の間に持つのを基本形として、時代とともにその姿態、色彩などにバリエーションを加えながら描きつづけられた。

注意すべきは、神話が、東福寺開山である円爾《えんに》の室を訪れた道真に、円爾が宋で師事した無準に参ずることを勧めたことを物語の発端とすることである。ほかに別の発端を語る伝説もあるが、円爾にかかわる物語の方が主流だった。神話と東福寺のかかわりを人びとが認め、永享八年（一四三六）に「大政威徳天神参径山仏鑑禅師之記《たいせいいとくてんじんさんきんざんぶっかんぜんじのき》」を著した愚極礼才《ぐきょくれいさい》をはじめとして、初期の渡唐天神神話の定着に、東福寺派の人びとがはたした役割は大きかった。神話は独立した散文としても語られ、図像の賛でもくりかえし語られた。書いた人の所属する門派にばらつきがみられたのは、渡唐天神の神話が禅林に受け入れられたことを語っている。

　現存する作例でもっとも早いのは、応永二十四年（一四一七）の年記がある南禅寺派の惟肖得巌《いしょうとくがん》の賛があるもので、つぎに応永三十年に没した東福寺派の東漸健易《とうぜんけんえき》の賛があってそれ以前の作と思われるもの、つぎに応永三十二年の年記がある夢窓派の厳中周噩《げんちゅうしゅうがく》の賛があるものなどがある。

　中・後期になるにしたがって、神話のあらすじは省略されるようになり、簡潔な詩として表現されるようになって、「渡唐天神」の詩題をもつ多くの作品が、五山文学として、詩文集にのこされた。神話の成熟を告げている。これらの子細については、島尾新・今泉編『禅と天神』（平成十二年、吉川弘文館）に所収される各氏の論考に詳しい。

　真と俗、和と漢にわかれる人が師弟の関係を結んだ渡唐天神神話は、和漢真俗「不二」

の理につらぬかれていた。描かれた図像は、真と俗、和と漢のいずれでもあり、いずれともきめがたく、存耕のいう「真俗不二」の世界であった。

　現実の道真と無準の生きた時代ははるかに離れ、国は遠く離れていた。それが一夜の間に、夢を介して、師弟関係を結ぶいきさつはほとんど維摩の「方便」に近い。同時代の人もその話の破天荒を疑って、そのことを文章にしたこともあったが、まもなく「さること有るべし」として、その非合理は容認されて、あとはこの出来事を称える文飾が続いた。東福寺には『維摩経』研究の学統が脈々としてあり、その寺の人びとの主導で神話が語られ、定着した。そのことは、『維摩経』と渡唐天神神話とのつながりを示唆しているのだろう。

　東福寺の僧である清叟師仁の講釈をきっかけに、一休は『維摩経』の世界に入った。渡唐天神神話の成立は一休の時代とかさなり、一休の生涯は神話が定着してゆく時代でもあった。『年譜』に記されてはいないが、一休が禅林にひろがるこの神話の流行に無関心であったはずはなくて、一休の『維摩経』に対する傾倒は、渡唐天神神話に後押しされていたのかも知れない。本書でふれなかったこのテーマについては、あらためて考えたい。

　さらに話題は、茶の湯の「和漢のさかいをまぎらかす事」につながるのではなかったか。室町時代の会席を飾る絵画・道具類において唐物が圧倒的に主役であったのに対して、やがて和物のよさも見直すべきであるとする、新しい主張がなされた。村田珠光《むらたじゆこう》「一ノ弟子」である古市澄胤《ふるいちすみたね》に宛てた「珠光心の文」に「此道の一大事ハ、和漢のさかいをまぎらかす事、肝要〳〵」とみえて、その後の茶道具の和漢の区別をないまぜにする美学の要点となった文字である。「まぎらかす」の語は、たとえば天正十二年（一五八四）の近江今堀村百姓起請文に「こほりさかい、庄さかい、郷さかいをまきらかし申間敷事」として用いられた。

　珠光について、その経歴を語る確かな史料はほとんどない。珠光を茶祖として押し上げ、その正統の系譜をうけることを強調した千利休の示唆によるところが多いとされる『山上《やまのうえ》宗二記《そうじき》』に、珠光が一休から圜悟克勤《えんごこくごん》の墨跡をもらい、これを茶の湯に用いて、「かくの如きの時は、仏法もその中にありと」と語ったという記事がある。また一休没後の大徳寺真珠庵造立開会の香銭帳に珠光の名が見える。このことから珠光は一休の門人であったとされる。和漢の問題については、小論「『等伯画説』の一節をめぐって」（『日本歴史』第三一六号、昭和四十九年九月）に、絵画の「筆様」の視点から展望を試みたことがある。その時はここに思い至らなかったが、珠光は一休との対話の中で、『維摩経』のことが話にのぼり、「和漢のさかいをまぎらかす事」についての示唆を得たのであったかも知れない。他ならぬ「維摩不二法門」を第八十四則として収める『碧巌録』は、「禅宗の不二思想」

のところで述べたように、雪竇《せっちょう》の頌古《じゅこ》に圜悟が垂示《すいじ》・著語《じゃくご》・評唱《ひょうじょう》を加えたものである。一休より与えられた圜悟墨跡が直接「不二法門」にかかわるのでなかったとしても、圜悟を語って『碧巖録』から「維摩不二法門」に及んだことは充分に考えられる。しかし今はこの話題を展開する余地がない。

あとがき

本書の表紙をご覧いただきたい。一休の肖像は多く残っていて、作品によって多少の図柄の変わったものもあるが、基本的には門派の師に対する敬意のみえる、いわば高僧像の範疇に入るものである。普通の高僧像には見ることの少ないいいわゆる「粗髯蓬髪《そぜんほうはつ》」スタイルが共通しているのは、それが一休像の要点と考えられたものだろう。

その中で、禅玄寺《ぜんげんじ》の開基である宗弁《そうべん》に与えた酬恩庵所蔵本は、大徳寺入寺以後のもので、自賛といわれるが「前紫野大徳禅寺順一休天下老和尚」という、人を食ったような署名がある。これと、門人の没倫紹等（墨斎）が描いて、賛も墨斎筆とされる東京国立博物館本は、とくに注目される。表紙の肖像は後者である。

前者の面貌は後者をもとに写したと考えられているが、面白いのはその目つきである。つくろわない風貌というのか、内面の何かを切り棄てて、がらりとした様子であるが、図からみて右に向かって目線をはずしている。この目線がくせ者で、これが面貌とその全身、つまりは一休という人の存在の風通しをよくしている。いかにも「風狂」とよばれ、自分でもいった人にふさわしい感じを与えている。

いったいこの「目つき」は、一瞬の表情のようにもみえるが、弟子の墨斎はこんなよそ行きでない表情を描きとどめ、後にはこれをもとにして改めて別の像を描いた。そんなことが、一休自身の了解なしに許されるものではなかったのであれば、一休はわざとそうしたか、あるいは描かれてみて気に入ったかして、これを自分の肖像として、顔として、選んだのである。

絶法を宣言して生涯をつらぬいた一休が病床にあった晩年に、門人たちが師にどうか嗣法を認めてほしいと詰め寄った時に、一休は紹等ならどう考えるか聞いてみよ、と一大事を墨斎に託した。墨斎は、師の病気は「狂言」なのだと言いきって、門人たちを叱りとばした。その人が描いたこの「はずした」目線は、一休家風の核心的なところを描いていたはずで、師の肖像はそのために描くものである。

墨斎はほかにも作品が知られ、南瓜を祇園会山鉾《やまほこ》に見立てて、蟻の一群がこれを曳き囃す「蟻と南瓜図」（紙本墨画）も描いている。ながく一休に仕えて頼りにされた人であったから、それならばこの目線の思いつきは墨斎であったのかという風に、想像もひろがる。

いずれにしても、禅林と僧たちに悪態をついてきたひとが、自分の周辺の僧たちが、弟子にかつがれて高僧の表情、姿をとりつくろうのに嫌気がさして、ふっと裏をかくようにして、目線をはずした、と見える。

須田剋太の「扇の女」や「舞妓」の顔は、そうであってあたりまえの綺麗さ、可愛さではなくて、勁い線で「いかつく」描かれ、松田正平の「自画像」はいわゆる芸術家の顔ではなくて、抜けた歯並びをみせてほっほっと笑っている。見る者は気をはずされて、イイナア、と納得してしまう。それをふと思い出す。

一休の目線の問題は、美術史家による系譜調べの応援がいるだろう。

執筆に際してご示教とご協力をいただいた方々や諸機関、およびここにとくに名を掲げることをしなかった方々に、記して謝意申し上げる。正木美術館の高橋範子氏は、ご多忙の中を、住吉大社・酬恩庵ほかの写真撮影をしてくださった。謝意申し上げる。吉川弘文館の一寸木紀夫氏と阿部幸子氏の励ましによって、上梓にこぎつけることができた。謝意申しあげる。

二〇〇七年九月

今　泉　淑　夫

著者紹介

一九三九年、北海道に生まれる
一九六八年、東京大学大学院人文科学研究科修士課程修了
元東京大学史料編纂所教授

主要著書
桃源瑞仙年譜　東語西話　一休和尚年譜　日本中世禅籍の研究

歴史文化ライブラリー
244

一休とは何か

二〇〇七年（平成十九）十二月一日　第一刷発行

著　者　今《いま》泉《いずみ》淑《よし》夫《お》
発行者　前田求恭
発行所　株式会社吉川弘文館
東京都文京区本郷七丁目二番八号
郵便番号一一三—〇〇三三
電話〇三—三八一三—九一五一〈代表〉
振替口座〇〇一〇〇—五—二四四
http://www.yoshikawa-k.co.jp/
印刷＝株式会社平文社
製本＝ナショナル製本協同組合
装幀＝マルプデザイン

© Yoshio Imaizumi 2007. Printed in Japan

歴史文化ライブラリー

1996.10

刊行のことば

現今の日本および国際社会は、さまざまな面で大変動の時代を迎えておりますが、近づきつつある二十一世紀は人類史の到達点として、物質的な繁栄のみならず文化や自然・社会環境を謳歌できる平和な社会でなければなりません。しかしながら高度成長・技術革新にともなう急激な変貌は「自己本位な刹那主義」の風潮を生みだし、先人が築いてきた歴史や文化に学ぶ余裕もなく、いまだ明るい人類の将来が展望できていないようにも見えます。このような状況を踏まえ、よりよい二十一世紀社会を築くために、人類誕生から現在に至る「人類の遺産・教訓」としてのあらゆる分野の歴史と文化を「歴史文化ライブラリー」として刊行することといたしました。

小社は、安政四年（一八五七）の創業以来、一貫して歴史学を中心とした専門出版社として書籍を刊行しつづけてまいりました。その経験を生かし、学問成果にもとづいた本叢書を刊行し社会的要請に応えて行きたいと考えております。

現代は、マスメディアが発達した高度情報化社会といわれますが、私どもはあくまでも活字を主体とした出版こそ、ものの本質を考える基礎と信じ、本叢書をとおして社会に訴えてまいりたいと思います。これから生まれでる一冊一冊が、それぞれの読者を知的冒険の旅へと誘い、希望に満ちた人類の未来を構築する糧となれば幸いです。

吉川弘文館

〈オンデマンド版〉
一休とは何か

On Demand
歴史文化ライブラリー
244

2019年（令和元）9月1日　発行

著　者　　今《いま》 泉《いずみ》 淑《よし》 夫《お》
発行者　　吉 川 道 郎
発行所　　株式会社 吉川弘文館
〒113-0033 東京都文京区本郷7丁目2番8号
TEL 03-3813-9151〈代表〉
URL http://www.yoshikawa-k.co.jp/

印刷・製本　大日本印刷株式会社
装　幀　　清水良洋・宮崎萌美

今泉淑夫（1939～）
© Yoshio Imaizumi 2019. Printed in Japan
ISBN978-4-642-75644-0

JCOPY 〈出版者著作権管理機構 委託出版物〉
本書の無断複写は著作権法上での例外を除き禁じられています．複写される場合は，そのつど事前に，出版者著作権管理機構（電話 03-5244-5088，FAX 03-5244-5089，e-mail: info@jcopy.or.jp）の許諾を得てください．